本书由中国劳动和社会保障科学研究院资助出版

日本职业技能开发制度变迁及经验借鉴

陈玉杰·编著

中国出版集团
研究出版社

图书在版编目(CIP)数据

日本职业技能开发制度变迁及经验借鉴/陈玉杰编著. -- 北京:研究出版社,2020.9
ISBN 978-7-5199-0852-2

Ⅰ.①日… Ⅱ.①陈… Ⅲ.①职业技能–技术开发–体制改革–研究–日本 Ⅳ.① C975

中国版本图书馆 CIP 数据核字 (2020) 第 026357 号

出 品 人：赵卜慧
责任编辑：刘春雨

日本职业技能开发制度变迁及经验借鉴
RIBEN ZHIYE JINENG KAIFA ZHIDU BIANQIAN JI JINGYAN JIEJIAN

陈玉杰 编著

研究出版社 出版发行
（100011 北京市朝阳区安华里 504 号 A 座）

河北赛文印刷有限公司　新华书店经销

2020 年 9 月第 1 版　2020 年 9 月北京第 1 次印刷
开本：710 毫米 ×1000 毫米　1/16　印张：14.75
字数：195 千字

ISBN 978-7-5199-0852-2　定价：58.00 元

邮购地址 100011　北京市朝阳区安华里 504 号 A 座
电话（010）64217619　64217612（发行中心）

版权所有·侵权必究
凡购买本社图书，如有印制质量问题，我社负责调换。

前　言

我国经济已由高速增长阶段转型到高质量发展阶段。推动我国经济结构优化升级，经济发展提质增效，迫切需要全面提高劳动者素质，适应经济发展需求，全面推进职业技能开发工作。特别是产业结构升级调整对高技能人才的需求日益增加，对就业人员的岗位技能提升培训以及失业人员的就业和转岗转业培训都将成为制约经济社会持续发展和产业转型升级的重要因素。

加大技能人才培养力度，是解决就业结构性矛盾最根本、最有效的举措。党和政府对职业技能开发工作高度重视。习近平总书记在党的十九大报告中提出，"建设知识型、技能型、创新型的劳动者大军，弘扬劳模精神和工匠精神，营造劳动光荣的社会风尚和精益求精的敬业风气"。《国家中长期人才发展规划纲要（2010—2020年）》（中发〔2010〕6号）、《国务院关于加强职业培训促进就业的意见》（国发〔2010〕36号）、《国务院关于加快发展现代职业教育的决定》（国发〔2014〕19号）、《国务院办公厅关于转发人力资源社会保障部、财政部、国资委关于加强企业技能人才队伍建设意见的通知》（国办发〔2012〕34号）、《技工教育"十三五"规划》、《中共中央、国务院关于印发〈新时期产业工人队伍建设改革方案〉的通知》（中发〔2017〕14号）、《国务院关于推行终身职业技能培训制度的意见》（国发〔2018〕11号）、《职业技能提升行动方案（2019—2021年）》（国办发〔2019〕24号）等都对职业能力开发和技能人才培养各方面的工作和制度做出了部署和规范。应当说,近年来,我国职业能力开发工作已取得了显著成效,特别是2019年第45届世界技能大赛中国代表团表现出色,取得了16金、14银、5铜和17个优胜奖的历史最好成绩。但现行的职业技能开发工作,无论在体制、规模还是质量上都存在着与社会经济发展、产业结构调整和劳动者就业需要不相适应的方面,特别是难以适应终身学习的要求。如技能人才培养的政策法规还不健全,职业培训供需脱节的问题依然存在,职业培训层次和质量普遍不高,各类教育培训资源的整合、协调机制还不完善,监督管理和评估体系还不健全,职业资格评价体系仍须健全,等等。虽然《中华人民共和国职业教育法》对政府、企业和公民在职业教育培训方面的权利、义务和责任做出了相应规定,但对涉及职业能力开发的许多问题,如经费的筹集和使用,职业能力开发体系的构成及服务对象、职业培训与就业的衔接、政府支持企业培训的义务和责任等都缺乏具体规定。

日本是一个科技发达的国家,非常注重工匠精神的培育和技能人才的培养。

它山之石可以攻玉,为深入了解日本技能人才培养的做法和经验,作者陈玉杰申请了日本国际交流基金项目,在京都大学经济学院刘德强教授指导下开展中日技能人才培养体系方面研究。在日访学期间,作者拜访了日本中央职业能力开发协会、日本劳动政策研究研修机构、职业能力开发综合大学和日本生产型本部,了解日本职业技能开发的制度及主要做法;同时,还拜访了永旺集团以及日本电气股份有限公司,了解日本企业内部培训的开展情况，这为开展本项研究提供了大量翔实的一手资料。

本书按照制度变迁—现行制度—工作体系—参考借鉴的思路安排，共包含七章及三个附录。第一章从历史发展角度，结合各个时期经济社会发展情况介绍日本职业技能开发制度的变迁过程，包括各时期法律政策及政策的实施效果。第二章介绍日本现行职业技能开发政策，包括《职业能力开发促进法》及《第十次职业能力开发基本计划》的主要内容。第三章介绍日本职业技能训练制度，包括公共职业技能训练、基于求职者援助制度的技能训练、对雇主的支援和对劳动者职业能力形成的支援等。第四章介绍日本职业能力评价制度，包括国家技能鉴定制度、企业内部技能鉴定认定制度、职业能力评价基准制度。第五章介绍日本职业技能竞赛和技能劳动者表彰制度。第六章是对日本职业技能开发制度的特点进行总结。第七章是在对我国职业技能开发工作面临的形势及存在问题分析的基础上，提出日本职业技能开发对我国的可借鉴之处及完善我国职业技能开发制度的意见建议。附件是《日本职业能力开发促进法》《第十次职业能力开发基本计划——面向提高生产率的人才培养战略》以及《日本能力开发调查基本情况》的全文。

总的来说，日本职业技能开发制度具有完善的法律法规体系、健全的技能开发体系、规范的技能评价制度、行业企业积极参与、高效的职业培训、健全的师资培养制度等特点。特别是在经济社会发展的每一阶段，根据劳动力市场状况和突出问题，日本都制定了一系列的法律法规来规范职业能力开发工作。现行的《职业能力开发促进法》认为职业能力开发和促进应当系统性地贯彻于劳动者职业生涯的各个阶段,同时也应适当考虑劳动者个人的职业生涯规划,以使其更加适应由于产业结构调整、技术进步及其他经济环境变化造成的变化,从而使劳动者在工作变动时顺利再就业。另外,法律明确规定了雇主和政府的职责,对提高劳动者素质、促进经济社会发展起到了重要的推动作用。

厚生劳动省主管的公共职业训练主要针对离职者、在职者和毕业人员,不断地为社会培养了大量技能人才,在一定程度上缓解了劳动力市场的矛盾。同时,为鼓励和推动企业开展职业培训,日本政府实施了人才开发支援助成金、职业提升辅助金和认证职业训练制度。为鼓励和支持劳动者参加职业培训、提高技能水平,日本政府也采取了一系列的补贴政策,对劳动者职业能力的形成进行支援,包括对教育培训课程部分费用的补贴以及参加教育培训课程所带来的经济负担的援助等,包括一般教育培训补贴和专业实践教育培训补贴。

在职业能力评价方面,主要包括职业技能鉴定(国家)、企业内部技能鉴定认定制度和职业能力评价三大基准。职业技能鉴定是日本政府直接组织实施的,根据国家规定的标准,对劳动者进行专业知识与技能的考试和考核,确定其技能水平并对此做出公证的制度。同时,为鼓励对技能振兴做出贡献的企业,1984年日本创立了企业内部技能鉴定认定制度,得到厚生劳动省认定的企业内考核鉴定,可以冠名"厚生劳动省认定";企业内部技能鉴定的主要内容包括技术革新带来的尖端技能和在国家技能鉴定制度中未被包括的企业特需的技能两大部分。另外,由于职业技能鉴定制度主要是针对技能岗位的劳动者，无法涵盖所有职业工种。在参考英国NVQ制度及其他经验的基础上，2002年日本中央职业能力开发协会开始实施职业能力评价基准制度。

在技能劳动者选拔方面，日本组织开展各式各样的技能竞赛活动。包括青年制造竞技大会、全日本技能竞技大会（青年技能者技能竞技大会）、技能大奖赛（熟练技能者的技能竞技大赛）、残疾人技能竞技大会等。在技能劳动者表彰方面，主要有国家功勋奖励的黄绶带奖章（Medal with Yellow Ribbon），经济产业省主管的"制造业日本大奖"及厚生劳动省主管的"卓越技能劳动者（现代名工）"。其中，"制造业日本大奖"设有内阁总理大臣奖、经济产业大臣奖、特别奖、优秀奖。

通过对日本职业能力开发制度的梳理，基于当前我国经济社会转型发展及劳动者就业对职业技能开发工作的客观要求，针对当前我国职业技能开发工作面临的问题及瓶颈，本研究从健全法律法规体系、搭建多元化终身职业培训体系、健全资金投入机制、加强师资能力建设、健全职业技能评价体系、优化技能人才培养管理服务体系、培育崇尚技能的社会氛围七个方面提出了相关政策建议。

最后，特别感谢日本国际交流基金提供的访学机会，让我有机会直接了解日本职业技能开发工作，感谢日本国际交流基金野口裕子女士及安富世里加女士在访学期间提供的帮助；感谢日本驻华大使馆田口勋先生和三桥沙织女士在拜访日本相关部门和企业方面提供的帮助；感谢京都大学经济学院刘德强教授的指导；感谢日本劳动政策研究研修机构仲琦研究员在资料收集、《第十次职业技能开发基本计划——面向提高生产率的人才培养战略》《日本能力开发调查基本情况》翻译及写作方面给予的大力支持和帮助，感谢世邦工业科技集团股份有限公司人力资源中心经理吴静女士在《职业能力开发促进法》翻译方面提供的帮助；感谢中国劳动和社会保障科学研究院各位领导同事对我赴日访学的全力支持，以及在本研究立项、结题时给予的专业指导和帮助！

尽管秉承严谨规范的态度，并付出了大量时间和精力，但由于研究涉及专业法律文件的翻译，且专业理解和研究积累还有待提高，必然存在不足或不对之处，期待读者、学界及同行的批评指正，在此也表示感谢！

目 录

第一章 日本职业技能开发制度的变迁 / 001
  一、"二战"结束之前（1945年前） / 003
  二、"二战"之后至《职业能力开发促进法》
    施行之前 / 004
  三、日元升值和长期萧条期：
    《职业能力开发促进法》的时代 / 018

第二章 日本现行职业技能开发政策 / 027
  一、《职业能力开发促进法》的主要内容 / 028
  二、《第十次职业能力开发基本计划》 / 034

第三章 日本职业技能训练 / 037
  一、公共职业技能开发机构 / 038
  二、公共职业训练概要 / 040
  三、基于求职者援助制度的职业训练 / 044
  四、对雇主的支援（推动雇主实施教育培训） / 046
  五、对劳动者职业能力形成的支援 / 049

第四章　日本职业能力评价制度　/　**051**

一、职业技能鉴定制度（国家）　/　052

二、企业内部技能鉴定认定制度　/　054

三、职业能力评价基准　/　055

第五章　日本职业技能竞赛及技能劳动者表彰制度　/　**057**

一、职业技能竞赛　/　058

二、技能劳动者表彰　/　062

第六章　日本职业技能开发制度的特点　/　**069**

一、完善的职业技能开发立法　/　070

二、健全的职业技能开发体系　/　071

三、规范的职业技能评价制度　/　074

四、科学的职业技能开发统筹规划　/　075

五、注重对技能人才的选拔和表彰激励　/　076

六、明确各方主体在技能开发方面的责任义务，
　　强调企业的基础性和主体作用　/　077

七、基于 PDCA 的公共职业培训，
　　保证了培训课程和培训内容的质量　/　079

八、完善的公共职业训练咨询说明，
　　保证了培训训练的实效性和针对性　/　080

九、健全的职业训练指导员培养制度　/　081
　　十、行业协会在人才培养和评价方面发挥重要作用　/　082

第七章　我国职业技能开发的形势、问题及对策　/　083
　　一、新时代我国职业能力建设工作面临的形势　/　084
　　二、我国职业技能开发存在的问题　/　088
　　三、完善我国职业技能开发的对策　/　093

附件1　《日本职业能力开发促进法》
1969年7月18日第64号法案　/　101

附件2　第十次职业能力开发基本计划——面向提高生产率的人才培养战略　/　158

附件3　日本能力开发调查基本情况　/　179

参考文献　/　221

第一章

日本职业技能开发制度的变迁

"二战"结束后四十余年的时间里,日本配备的工业机器人占到世界总数的三分之二以上。这一尖端技术急速而广泛的普及,以及由此反映出的日本经济社会整体的发展,都是和明治时期以来政府主导的"追赶型近代化"政策所推动的以企业为中心的集体主义学习方式密不可分的。如今日本已经不再设定追赶型目标,政策中心也随之转向调动个人创造力,增强劳动者整体的技术技能水准。

随着战后日本经济的高速发展,公共职业训练的重心也从技能劳动者的养成训练向转职训练转移。技术革新和国际化的发展,以及随之而来的产业结构变化,提高了对高技能劳动者的需求,第三产业就业者和职业白领的培训也成了社会关注的问题。日本的职业训练原本是以企业内训练（on-job training，OJT）为核心的。但是,包括离职者在内,在企业中就业的劳动者接受公共职业训练计划的也不在少数。同时,劳动者自身也在努力开发和扩展自己的职业能力。20世纪90年代以后,由于经济长期萧条,企业经营环境的变化和雇佣惯例（终身雇佣制）的动摇,使得劳动者的自主训练更加盛行,劳动者开始普遍认识到个人主导之下的职业生涯开发的重要性。另外,随着升学率的上升,高中教育中职业教育所占比重逐渐降低,教育模式逐渐偏向于普通学历教育,近年来,多数学生基础学习能力的低下也成了社会问题。在这一背景下,部分高中引入了实践型职业教育。随着青年失业者的增加,公共职业训练对于青年的就业和再就业过程中所发挥的促进作用越发明显。以史为鉴,在回顾日本战后职业训练历史变迁的基础上,才能对新时代职业技能开发制度所面临的各项问题提出更好的解决方案。

一、"二战"结束之前（1945年前）

（一）"二战"之前

日本技能劳动者的培养也是从学徒制开始的。所谓学徒制，是指年少者在师傅（日语"亲方"）家吃住，在学习技能的同时，接受人格培养和生活指导，经过数年的学习，成为"职人"的私人训练制度。在这一过程中，指导不是有计划而系统地进行，多数情况下，徒弟只是观摩前辈工作的样子，并进行模仿。

1871年，日本开始以西欧先进国家为范本，向资本主义经济体系转型。1872年，通过颁布"学制"（义务教育制度），明确了资本主义生产所不可或缺的科学知识和技术，原则上应当在学校教育过程中和一般教养一齐获得。为了和学校教育区分开来，以获得具体技能为目的的职业训练被分为"在职场的技工养成"以及"职业辅导"两大体系而具体展开。

所谓"在职场的技工养成"，首先可以分为欧美式的大规模工业生产和传统手工业两种场合。日本的大规模工业生产是基于国家促进政策，在工场学徒制之下，通过模仿先进国家的技能而推行的。相应地，对于传统的手工业，则被全权委托给了中小作坊的职人学徒制。总体上，科学技术教育在学校进行，而技能训练分散在各个职场分别开展。为此，1880年之后设立的职工学校、徒弟学校，因为教育内容不符合实际需求，所以没能作为制度固定下来。之后直到经济军事化时期，技工的养成都是以中小作坊中的职人学徒制之下的手工业技能传授为中心而开展的。技工养成整体的制度化，是基于卢沟桥事变之后的《国家总动员法》制定的《工场事业场技能者养成令》，这也构成了之后的公司内部晋升制、年功序列薪金制、终身雇佣体系的基础。

另一方面，针对失业者和残疾人职业辅导（失业对策）方面的训练政策以1921年制定的《职业介绍法》为基础，从1923年开始，以东京的失业者为对象才得以开展。对失业者和残疾人的职业辅导，在关东大震灾（1923年）之后，从培养大量失业人士的建筑家具技能开始，发展为对于因地震而造成的残疾人的政府福利援助措施。后来逐渐扩展为以伤残军人为主要对象，应对因普通产业部门萎缩而造成的失业的救济政策。这一政策，也成了残疾人职业训练制度的原型。

（二）准战时体制及战时体制期（20世纪30年代至1945年）

20世纪30年代的准战时体制之下，以军需产业和重工业为中心的产业界急需培养技能劳动者。为了回应这一要求，政府设置了国民勤劳训练所、职业辅导所（附属设置于职业介绍所之下）、机械工养成所（以初中毕业程度的劳动者为对象）、干部机械工养成所、地方勤劳训练所等职业辅导机构。

此外，根据《国家总动员法》制定的《工场和事业场技能者养成令》（规定中等规模以上的事业场的熟练工养成义务）规定了工场和事业场的技工养成（实业补修学校）制度，这也成了之后的义务制青年学校的前身（1939年）。另外，作为技能鉴定制度的前身，设置了对于技工申告的技能进行认证的技能检查制度，以及厚生省令规定的机械技术者鉴定制度。

二、"二战"之后至《职业能力开发促进法》施行之前

"二战"之后，日本的职业训练政策是和战前延续下来的文教政策一起，作为经济政策的重要部分而开展的。以1973年的石油危机为分界线，分为石油危机之前的：民主的职业训练政策的确定期、职业训练政策的蓬勃发展期、职业训练政策的扩充期。石油危机之后的低成长期又细分为：调整期、转换期（企业中心期），总共5个时期。

（一）民主职业训练政策确定期（1945—1957年）

1. 政策背景

战后初期，日本经济处于毁灭性状态，再加上从殖民地撤回的平民和

复员军人需要安置，产生了大量的失业者和不完全就业者。此时，战中的国民勤劳训练所、机械工养成所、各种职业辅导所等，作为应对失业问题、提供简易的职业训练的职业辅导场所，以战后复兴的建筑、木工相关职业为中心而继续发挥了作用。

1950年爆发了朝鲜战争，军需有所增长，使得经济情况好转，职业辅导事业也因为其失业救助的功能而发挥了更加积极的作用。再加上作为企业内职业训练机构的企业内部青年学校处于全面瘫痪状态，以《劳动基准法》的制定为契机，新的职业训练体系的制定被提上了议程。

随着《职业安定法》的实施，之前的职业辅导所成了公共职业辅导所，接受国家统一的指导监督和援助，以都道府县为单位设置运营。由此，职业辅导机构从慈善观念下的产物转变为合理的劳动力需求调整机构。虽然当初的目的是应对失业，但很快就以应届毕业生为对象开始开展短期训练。职业训练的职业工种中也去掉了建筑和木工，由机械相关的职业工种取而代之。

1953年以后，以失业保险储备金的运用收入为资金来源，设置了配备有近代机械设备的综合职业辅导所（现在职业能力开发机构的前身）。

2. 法律政策及相关制度

"二战"之后，日本的职业训练政策在占领政策之下焕然一新。在1958年的《职业训练法》制定之前，职业训练政策以基于《劳动基准法》的职业技能养成制度和基于《职业安定法》的职业辅导制度两个体系开展。

一方面，基于《劳动基准法》的技能者养成政策，是为了改善《工场法》以来的训练制度，以近代方式培养和保护技能者为目的，由国家进行指导援助，推进企业自主而积极培养"生产所必要的熟练工"的政策。另一方面，基于《职业安定法》的职业辅导训练政策，是针对大量的退伍军人、战争灾民、从海外殖民地返回日本本土的劳动者的失业对策，其摆脱了战前《职业介绍法》中体现的福利性质，以合理调整劳动力供求关系为目的,通过在都道府县设置和运营"公共职业辅导所",发展以建筑职业为中心的公共职业训练制度。

1950年之后,随着经济的好转,大企业开始引进外国的技术、更新设备,企业内部的职业训练活动也随之灵活化,公共职业训练蓬勃发展。1953年开始设备投资热潮,能源从煤炭向石油转换,1955年之后开始了第一次技术革新,政府实施了主要以煤矿离职者为对象的劳动力转移促进政策。之后,由于日本经济形势总体向好,基于《劳动基准法》对熟练技术工人保护的观点,雇主和投资方乐于对劳动者进行职业训练,促进了职业训练的开展。

随着垄断资本的发展,只通过《劳动基准法》的运用无法提供充足的技能劳动者,所以产生了对于特别法的需求,1958年,《劳动基准法》中的技能者养成规定及《职业安定法》中规定的公共职业训练制度被合并扩充,成了日本最初的统一的《职业训练法》(以下简称"1958年职业训练法")。

3. 训练效果

第一,公共职业训练。职业辅导所训练者最初主要是失业者,后逐渐转变为以青少年为中心。1956年度入所者的年龄为:一般辅导所18岁以下训练人员占68.1%,18—24岁占22%;综合辅导所上述比例分别为77.2%和18.4%;残疾人辅导所24岁以下入所者所占比例也达到了71.7%。在各个机构内初中学历的训练者都占70%左右,就职率几乎是100%。

第二,企(事)业内职业训练。从50年代开始增加,1954年实施职业训练的职场数为28282(单独1489,共同26793),培养工人64981人。1957年实施职业训练的职场数为22751(单独607,共同22144),培养工人56419人。训练以制造业和建筑业为中心展开,制造业中金属机械相关工种最多,接下来是服饰相关、家具及装饰品、食品制造业、纺织业。单独实施职业训练的职场,500人以上规模的达到30%左右;共同实施职业训练的职场中 90% 以上是 1—9 人，中小企业占据绝大多数。1953 年，国家开始实施针对中小企业共同培养机构的运营经费交付补助金制度。

第三，技能测定。为了促进劳动者提高技能水平和习得技能的愿望，促进劳动者的就业，从 1953 年开始实施技能测定制度，并将测试结果作为训练内容和改善训练方法的依据。1956 年测定的职业工种为 12 个，截至 1957 年接受测定人数为 55304 人，合格率为 85%。

（二）职业训练政策的蓬勃发展期（1958—1968 年）

1. 政策背景

随着经济进入高度增长期，青年技能劳动者开始出现不足的现象，应届初中和高中毕业生的求人倍率在 1956 年分别为 1.0 和 0.8，但 1960 年升至 1.9 和 1.5，1965 年则升至 3.7 和 3.5。建筑业和制造业对于技能劳动者的需求大幅增加，技能劳动者不足率达到了 20% 到 30%。另一方面，求人倍率虽然整体有所上升，但对于中高年龄层，仍然是供大于求。

进入 20 世纪 60 年代，经济增长迎来巅峰。第一产业就业人数占比比例大幅减少，第二产业和第三产业占比有所增加。大量人口从农村涌入城市。由于劳动力流动的增加，中小企业劳动者的离职率上升，大企业的用工话语权有所提升，劳动者的工资水平也随之提升。高中升学率从 1955 年的 51.5% 增长到了 1965 年的 70.7%，1970 年提升到了 82.1%。为了确保有充足的技能劳动者，职业训练被定位为后期中等教育的一部分。

2. 1958 年《职业训练法》的立法及主要内容

因为经济形势向好，技能劳动者短缺问题日益突出，产业界开始关注教育的方式和职业训练。特别是对于职业训练，单独立法的呼声越发高涨。在这一背景下，政府开始着手进行《职业训练法》的立法工作。

《职业训练法》立法的主要目的在于：第一，整合先前的基于《劳动基准法》的以青年劳动者保护为目的的技能者养成工作和基于《职业安定法》的职业辅导工作，将职业训练行政体系归为一个整体，将各个领域的训练体制系统化。第二，以公共职业训练为中心，对于应届毕业生实施职业训练，培养产业界所需要的技能劳动者，对于全体青年人普及后期中等教育（高中教育）。第三，通过普及技能鉴定制度提升技能水平，提升技能劳动者的社会地位。

《职业训练法》的主要内容包括：

第一，立法目的："通过进行职业训练以及技能鉴定，使劳动者获得必要的技能以及提升相应技能，培养工业及其他产业所必需的技能劳动者，以此达到稳定就业及提升劳动者的地位、促进经济发展的目的"。

第二，职业训练的原则和职业训练计划：公共职业训练和事业（企业）内职业训练具有密切关联，需要避免和学校教育的重复。劳动大臣制定职业训练实施相关的基本计划，都道府县知事基于这一计划制定关于职业训练实施计划。

第三，公共职业训练根据职业工种、训练期间、设备等标准分类进行，主要的公共职业训练机构如下：

（1）一般职业介绍所：由都道府县设置运营，对于初中毕业生进行为期半年或1年的半熟练工培养训练，对转换职业者进行转岗和转业训练等。

（2）综合职业介绍所：由国家级别的劳动福祉事业团体设置运营，后转为雇佣促进事业团体设置运营，对初中毕业生进行为期2年的熟练工培养训练，对转换职业者进行转岗和转业训练等。

（3）残疾人职业介绍所：由国家设置、都道府县运营，对残疾人进行职业训练。

（4）中央职业训练所：由国家级别的劳动福祉事业团体设置运营，后转为雇佣促进事业团体设置运营，进行训练指导员的技能劳动者养成训练。后更名为"职业训练大学"。

第四，企（事）业内职业训练：国家和都道府县对企（事）业内职业训练进行援助，对符合一定标准的企事业内职业训练进行认定，对于认定的职业训练提供相关训练设施并派遣训练老师。

第五，技能鉴定：根据职业工种区分为1级和2级，进行理论考试和实际技能考试。1级是以2级合格后具备5—7年实务经验的上级熟练工的通常技能水平为标准，2级是以完成3年制的认定训练后具备2年左右的实务经验的下级熟练工的通常技能水平为标准。

第六，职业训练指导员（职业训练老师）：必须取得劳动大臣认定的资格证。

第七，职业训练审议会：为了审议职业训练及技能鉴定的相关重要事项，劳动省设置中央职业训练审议会，都道府县设置都道府县职业训练审议会。

3. 1958年《职业训练法》影响下的职业训练政策

作为第一部雇佣立法，为了应对当时"劳动力从过剩转向不足"的趋势，《职业训练法》强化了以大量的初中毕业生为重点的技能劳动者养成训练（公共职业训练）。之后一直到1974年，是日本经济发展的黄金时代，技能劳动者短缺的问题也日益突出。为了解决这一问题，1961年劳动者职业训练部被升格为职业训练局，职业训练政策向着扩大公共职业训练（公共职业训练和认定职业训练）的方向推进。

进入20世纪60年代之后，由于投资持续增长以及国民所得倍增计划、持续的劳动力流动化政策的实施，产业结构发生变化（重工化、农业近代化）、国民收入增加的同时也带来了"升学率的急速上升，初中毕业就职者急速减少"等情况，劳动力市场的结构发生变化，1958年《职业训练法》主导的体制开始面临根本性改革。

作为应对劳动力市场结构变化的临时对策，有必要采取国家层面的综合性雇佣政策。为此，1966年，日本制定了《雇佣对策法》，并根据该法制定了第一次雇佣对策基本计划（1967—1971年度），主要目的是有效发挥劳动能力从而实现"国民经济的均衡发展和完全雇佣",采取了将劳动力转移促进政策系统化的积极的劳动力雇佣政策。职业训练政策也迎来了新的发展期,并于1969年进行了全面修订。

4. 训练成果

第一,公共职业训练。从20世纪50年代中期开始,职业辅导所的任务从解决失业问题转变为培养技能劳动者,入所训练者以初中毕业生为主,毕业生主要在中小企业就职,但部分大企业也开始在职业辅导所进行招聘。1967年,训练人员就职虽然仍是以中小企业为中心,其中,一般训练所训练人员在500人以上规模的企业就职的比例升至19%,综合训练所为36%。随着升学率的提升,参加技能劳动者养成训练课程的初中毕业生人数逐渐减少,于是扩展了职业转换训练的职业工种,吸引更多人参加职业转换训练。与1960年相比,1963年公共职业训练中职业转换训练所占的比例从30%提高到41%,1964年则提高到65%。

第二,企(事)业内认定职业训练。1959年,企(事)业内职业训练标准依据《职业训练法》进行修改调整,一年的训练时间从1470小时延长到1800小时,训练期限改为2—3年(以前的4年缩短为3年)。1962年对训练职业工种进行了重新评估,对训练标准进行了改正。从1962年开始进行设施设置费补助,1963年开始进行设施设置资金融资。从50年代到60年代,训练人数持续增加。在单独训练职场中,机械相关职业工种的训练占近六成,其次是金属相关职业工种。在共同训练职场中,工程相关职业工种占近五成。训练人员中未满18岁的占70%,初中毕业生为主要训练对象。

认定外的企(事)业内职业训练也以同样的形式进行。从各产业来看,初中毕业生多数在机械、化纤、服装、建筑业相关职业工种,高中毕业生除上述产业之外,较多在出版印刷业。

第三,技能鉴定。1959年进行了第一次技能鉴定考试。1959年到

1966年，1级和2级的考试人数为45万，合格人数为20万。鉴定职业工种从1959年的5个增加到1966年的46个。

（三）职业训练政策的扩充期——生涯职业训练政策的确立（1969—1973年）

1. 政策背景

进入20世纪60年代后半期，经济高度增长带来的弊病开始显现。高中升学率有所提高，但高中毕业生就职的热门方向仍是事务管理工作，技能劳动者短缺，中小企业短缺现象尤为凸出。随着技术革新，对于有知识的熟练工的需求却越来越高。对于开展技能工人技能劳动者养成训练的企事业主实施援助补助措施的期望也越发迫切。同时由于技能鉴定合格者没有得到社会的认同和经济待遇的提升，为实现其待遇改善，有必要保障最低工资，实现各类职业工种单独划分的工资制度。随着经济高速增长，由于劳动力不足，将完全就业作为经济政策的目标成为可能，制定《雇佣对策法》作为雇佣政策基本法的呼声很高。

从1970年到1972年，OECD调查团针对《雇佣对策法》和第一次雇佣对策基本计划，对日本的劳动政策进行评估，公布了报告书。报告书中阐述了日本长期稳定雇佣的惯例促进了企业的教育训练投资，并指出了职业训练中的以下问题：①技能工人养成训练中公共职业训练所承担的作用较小，大部分都通过企事业内的非认定训练进行。②由于个人生涯所得取决于青年期的学历，导致过度重视理论教育和轻视体力劳动。③由于青年人口减少，成人（失业者和在职者）接受训练的必要性提高，实现公共职业训练和企事业内职业训练的平衡成为重要任务。

2. 制度概述

1969年修订的《职业训练法》（以下简称"69年法"）以高中毕业生的技能劳动者养成训练为基础，将职业训练的目的从旧法的"确保产业发展有必要的劳动力"改为"培养作为职业人的有为劳动者"，将职业生涯训练以及生涯技能评价确立为法律的基本理念，与《雇佣对策法》相辅相成，积极推进技能劳动力供需政策，对于公共职业训练和企业教育训练进行了扩充，将其整合为一个完整体系。其具体措施包括公共职业训练机构的多样化、认定职业训练的扩充等，特别是更加重视培养新技能劳动力的技能劳动者养成训练以及促进失业者就职的能力再开发训练。

基于该法的第一次职业训练基本计划（1971—1975年）明确表示，接下来五年间要在公共职业训练、企业教育训练两方面，将针对应届毕业生的技能劳动者训练增加三倍。而第二次雇佣对策基本计划（1972—1976年）所提倡的"实现游刃有余而充实的职业生活"的雇佣对策是上述政策的延续。为了应对以自动化技术应用为特征的第二次技术革新，第二次雇佣对策基本计划要求探讨制定青壮年期的"教育训练休假制度"在第一次职业训练计划和第二次雇佣对策基本计划实施期间，1973年秋天爆发了第一次石油危机，在世界性经济低迷的背景下，日本经济也陷入了低增长期。

3. 训练成果

第一，公共职业训练。"69年法"将技能劳动者养成训练的主要对象由初中毕业生改为高中毕业生。到1973年为止，初中毕业生的入校率和高中升学率呈现负相关，经济快速增长期结束后这样的关系也随之消失，训练学校失去了补充后期中等教育的意义。70年代前半期，都道府县开始将专修训练学校改为高等训练学校，专修训练学校的数量从1970年的329所减少到1975年的226所，此外在同一时期高等训练学校从2所增加到106所。这期间，初中毕业生计划招生人数从34150人减少到28510人，高中毕业生计划招生人数从300人增加到7950人（1980年初中毕业生计划招生人数为13550人，高中毕业生计划招生人数为15220人，实现逆转）。技能劳动者养成训练生中高中毕业以上的训练生所占比例从1970年的11%增加到1975年的22%。由于初中毕业生计划招生人数的减少无法以高中计划招生人数的增加进行弥补，技能劳动者养成训练的计划招生人数在1975年达到顶峰后开始减少。培养训练的业绩也远远达不到第一次计划的目标。相对增加的是提高训练的数量，仅在20世纪70年代前期就实现了倍增，其中技能提高训练课程尤其增多。

第二，企事业内认定职业训练。高中升学率的提高对企事业内职业训练产生了很大影响。以初中毕业生为主的技能劳动者养成训练从70年代前期开始减少。企事业内职业训练机构也以"69年法"实施为契机从专修训练学校切换为高等训练学校，开始接受高中毕业生入学。高中毕业生所占比例从1970年的12%增加到1975年的37%，但初中毕业生减少的人数无法通过高中毕业生的增加进行弥补，所以训练生的整体人数减少到了四分之三。以初中毕业生为对象的企事业内职业训练学校有部分转换为一般高中，也有不少学校关闭。

第三，技能鉴定。鉴定职业工种从制度设立年度（1959年）的5个开始逐渐增加，1972年增加到115个，之后进行整合，1975年变为77个。考生人数，合格人数1级和2级分别从1959年的3万多人和1.7万人，增加到1970年的10万人和近4万人，1975年则增加到16万人和近7万人。从各职种来看，合格者人数以建筑工、机械加工、泥瓦匠、装饰、钣金最多，制造业相关职种的合格者比较少。此外1973年开始实施技能审查制度。

（四）职业训练政策的调整期（1974—1978年）

1. 政策背景

石油危机后，物价从大幅上涨急速转为紧缩政策，1974年出现了战后首次经济负增长。工业生产大幅减少，劳动力市场的求人倍率急速降低，中高龄劳动者的供需缓和明显，但对兼职劳动者中女性劳动者的需求有所增加。随着不景气产业进行雇佣调整，离职者增多、失业率上升。石油危机带来的产业结构的调整导致雇佣需求大幅减少，为应对失业者的增加,国家制定了《雇佣保险法》,设立了雇佣调整给付金制度帮助企业稳定雇佣,这一期间,面向离职者的训练变成了重要任务。1977年8月的行政监察结果报告也对职业训练提出了一些建议,如缩小面向初中毕业生的养成训练规模,增加对中高龄劳动者的能力再开发训练,有效利用民间各种学校的训练委托等,强化对认定职业训练的指导援助,扩大技能鉴定职种等。

2. 制度概述

在《雇佣保险法》之下,职业训练政策和雇佣政策均发生了重大转变。作为原《失业保险法》的延续和发展,《雇佣保险法》采取了新的雇佣确保促进政策、失业预防政策,原福祉机构被发展扩充为雇佣改善事业、能力开发事业、雇佣福祉事业等所谓三大事业,职业训练相关的资金从劳资对半承担变为事业主单独承担,在"企业的集体责任化"之下,实施了以完全雇佣为目标的劳动者能力开发促进措施。与此同时,除《职业训练法》中的职业训练之外,《雇佣保险法》中新增加了职业训练制度(教育训练给付金),也形成了双重职业训练体系的矛盾。但为了确保实现生涯职业能力开发所需的资金,"职业训练派遣奖励给付金制度"(以下简称"派遣给付金")以及"带薪教育训练休假奖励给付金制度"(以下简称"教育休假给付金")得已创建。通过创建上述制度,对于将雇佣劳动者带薪派遣到公共职业训练机构,或者为了使劳动者接受职业教育训练而给予带薪休假(年休除外)的中小企业事业主,国家支付其给付金。应当注意的是,派遣给付金在施行3年后(1978年),其支付对象从当初的公共职业训练学校扩展到认定职业训练学校,促进了共同认定训练和集团企业内部的教育训练组织化的发展,实质上变成了"大企业认定职业训练给付金"。而"教育休假给付金"将给付对象的教育训练范围限定为劳动者的现职务,或者是近期内可能成为职务内容的业务,其预算额也过少,存在诸多限制。因此,有观点认为,上述两种制度虽然表面上打开了生涯职业训练的新的可能性，但实际上不过是以"劳动力长期确保"和"失业者分散就业"为目的的积极劳动力政策的一部分。

进入20世纪70年代中期之后，为了应对经济低增长，约七成的企业进入了减量运营和雇佣调整阶段。这一时期的职业训练政策的大方向主要有：①教育训练实施体系的完善；②企业内教育训练的强化；③带薪教育训练休假的普及；④技能鉴定制度的充实等。第二次职业训练计划聚焦于第一次职业训练计划中被忽视的事业主职业生涯训练措施，以建立劳动者的整个职业生涯中的职业能力开发制度为目的，具体措施原则上包括：

（1）应届毕业生的基础性职业训练；

（2）在职者的熟练技能的学习；

（3）新技能的学习；

（4）失业者，转职者的职业训练。

为了有效推行上述措施，需要构筑满足职业生涯训练的社会条件，确保职业训练和学校教育的相互协调配合，保证技能鉴定和民间评价制度及其他公共资格等的协调。同年，为了确保社会弱势群体的雇佣，修订了《残疾人雇佣促进法》《中高龄者雇佣促进法》，更是创设了"专修学校"制度。

1977年开始实施上述雇佣安定措施，进入了以《雇佣保险法》为核心的积极劳动力政策（现代劳动力政策）阶段，之后职业训练政策越发受到重视。对于特定产业的失业情况，国家积极介入并制定了一系列的临时措施性政策，其中在1977年和1978年颁布了《特定不景气业种离职者临时措施法》和《特定不景气地域离职者临时措施法》（以下并称《特定不景气离职者法》）。前者规定劳动大臣为了促进特定不景气业种离职者再就业，需要针对训练的时间、期限、职业工种、机构、人数等采取特别措施，实施必要的职业训练，后者规定国家及雇佣促进事业团体要循序而有效地进行再就业所必要的职业培训，或者促进相关都道府县采取同样的必要措施。由此得知，这一时期职业训练政策在法律上，新增了救济失业者，特别是中高龄离职和转换职业者，解决了以再就业为目的的职业训练这一燃眉课题，从而使得修订1969年《职业训练法》成为必要。

因此，1978年对《职业训练法》进行了修订（以下简称"78年法"），确立以离职和转换职业者的职业训练和在职中高龄者训练为重心的企业内生涯职业训练体系，其显示出了作为支撑积极劳动力政策的"劳动力市场立法"的特点。另外，78年法修订的要点，是"雇佣促进事业团综合高等职业训练学校"转变为"技能开发中心"。以此为核心的对公共职业训练的有效整改，以及转换职业者职业训练的积极实施，也是应对劳动力高龄化、产业结构转换、技术革新的积极劳动力政策的重要组成部分。本次修订去除了"政府认定"这一传统的援助要件，将企业内外的自主训练新增为国家奖励政策的对象与针对私立专科学校的委托训练政策一起，促进了公共职业训练的外包化和职业训练的自主性。

（五）职业训练政策的转换期（企业中心期）(1979—1985年)

1. 政策背景

进入20世纪80年代后，日本和美国及欧洲各国间的贸易摩擦激化。日元升值的压力迅速升高，成为1985年广场协议和之后日元升值及不景气的原因。这一期间，技术进步推动了生产场所的数控化，产业机器人的普及推进，使得对拥有较高技术知识及应用技术的技能者的需求增加。

2. 制度概述

随着"78年法"的施行，职业训练政策确定了以离职和转换职业者以及企业内教育训练为中心的方针。这一方针继承了《雇佣保险法》以来的积极劳动力政策，以及第二次职业训练计划中的重视企业教育训练的传统，通过第三次职业训练基本计划（1981—1985年）的公布而正式确立。

第三次职业训练基本计划对下一个五年的经济产业和劳动力需求的形势做出预测，以先前政府制定的新经济七年计划为基础，以技术革新和产业结构的集中化（第二产业的知识集中化，第三产业特别是信息产业的发展）为前提，做出了劳动者的就业结构将在第二产业水平推移，在第三产业特别是教育、文化、保险、医疗、福祉等方面会有显著增加的判断，预测大部分劳动力会从蓝领转移至白领，特别是劳动力供给结构会呈现高龄化以及女性劳动者的增加，随着劳动者整体学历水平的提高，会产生大规模的技能劳动者短缺。为应对这一客观形势和需求的变化，在完善生涯职业训练理念之下，提出了职业训练及技能鉴定的五点措施：

（1）确保针对青少年的基础职业训练机会；

（2）充实对于在职劳动者的训练；

（3）灵活有效地实施对于离转职者的能力再开发训练；

（4）充实完善职业能力评价体系；

（5）开展职业训练的国际合作。

其中，第一到第三点是以推进生涯职业训练为目的的，第四点则是保障生涯职业训练的确立。这些措施重点针对的对象，第一是中高年龄者，第二是身心残疾者，第三是女性劳动者，总体上以高龄化劳动者为重点，从传统的公共职业训练向民间职业训练转移，建立政府和自治体联合的合作体制。

从1982年开始，为了进一步开发中高龄者的职业能力，日本对各种职业给付金进行了整合，统一为"生涯职业训练促进给付金"。这是从企事业主角度出发，考虑到雇佣劳动者的生涯职业开发而建立的，对基于上述计划进行中高龄者训练和带薪教育训练休假的公司内职业训练进行补贴。这一新制度的目的是确保"经济实力较弱的中小微企业"的持续性教育训练，以及新型第三产业的计划性生涯教育训练制度，被视为积极劳动力政策的重要方面。

从20世纪80年代开始，政府为了应对技术革新、信息化等环境变化，以及改善公共职业训练和企业教育训练的需求，开始组织专门委员会研究修订《职业训练法》，最终更名为《职业能力开发促进法》，于1985

年 10 月 1 日正式施行。

3. 训练成果（1976—1985 年）

第一，公共职业训练。从 20 世纪 70 年代前期到 80 年代，技能劳动者养成训练的主要对象逐渐由初中毕业生转变为高中毕业生。但是，高中毕业课程计划招生人数的增加无法填补初中毕业课程计划招生人数的减少。此外，高中毕业课程的入学率在都道府县设立的学校不到 80%，事业团设立的学校为 80% 多。1977 年新设立的事业团立短期大学专业课程的入学者也无法弥补减少的人数。养成训练毕业生的就业率几乎为 100%，但工作单位更倾向于中小企业。此外，能力再开发训练和提高训练的计划招生人数有所增加，特别是后者的增加幅度较大。另外，1979 年日本开设了中央身体残障者职业训练学校。

第二，企事业内认定职业训练。随着 20 世纪 80 年代前期共同实施训练职场的增加，实施认定职业训练的职场也有较多的增加。技能劳动者养成训练在 1971 年达到顶峰后逐渐减少，到 80 年代初则减少了一半。但同时，面向在职者的提高训练人数增加，特别是为应对技术革新，参加技能提高训练课程的人数显著增加。

第三，技能鉴定。从长期看，参加技能鉴定考试的人数和合格人数都有所增加。80 年代初期到中期，每年鉴定的职业工种大概为 140—150 个，16—17 万人报名参加考试，大概 7 万人合格。1979 年政府引入单一等级技能考试，1984 年开始实施公司内鉴定认定制度。1982 年 1 月开展了第一次一级技能士全国技能竞赛。

三、日元升值和长期萧条期：《职业能力开发促进法》的时代

（一）《职业能力开发促进法》的制定（1985 年 6 月）

1. 时代背景：日元升值、经济不景气、泡沫期（1985—1991 年）

1985 年 9 月广场协议后，日元急速升值。此后，企业的海外直接投资

变得活跃，随着产业的调整，破产企业增多，特别是出口依存度高的机械相关工作。同时进行雇佣调整的企业增加，钢铁业和造船业大幅裁员，中高龄离职者增多。石油危机之后，产业结构持续变化，雇佣中心从第二产业转移到第三产业。从各职业来看，专业技术职务及事务职务的雇佣者增多，技能工等生产劳动者减少。随着经济的服务化，社会福祉相关服务业及医疗、保健服务业的雇佣大幅增多。此后，经济从日元升值不景气转变为泡沫经济，以机械相关行业为中心，招工需求大幅增加。多数职业一时显现出劳动力不足的现象，特别是年轻劳动力不足现象，赋予高龄者、女性职业能力开发的机会、应对技术革新和信息化以及加强国际合作等成了职业技能开发的热点问题。随着自动化的推进，对劳动力的需求从获得特定技能的熟练工转变为具有广泛能力的高度技能劳动者。

2. 立法原因

20世纪80年代中期有几个关于教育训练的重要提议。其中《临时教育审议会答辩》针对战后日本社会存在的偏重学历、学校教育制度的单一、教育的荒废等问题，提出改革学校教育、重申审视教育行政管理、纠正学历社会的弊端、积极应对国际化和信息化发展和建设终身学习社会等目标，这正是《职业能力开发促进法》的立法背景。关于职业能力的开发提高，强调事业主的责任是该法的主要特征。制定法律的目的主要如下：①在职业生涯的整个期间内阶段性、体系性地进行必要而适宜的能力开发。②重视企事业内职业训练，国家、都道府县对事业主进行技术援助。③不局限于第二产业，有效利用教育训练的机会实现各个部门劳动者的能力开发。

3. 法律的主要内容：与"78年法"的区别

《职业能力开发促进法》的目的和基本理念是："综合且有计划地制定充实强化职业训练及技能鉴定的政策，并保障其顺利实施，促进劳动者所需能力的开发和提高"。基本理念中新增了促进能及时应对经济活动国际化的职业能力的开发和提高，以及鼓励并促进劳动者主动努力开发及提高职业能力。该法提出由劳动大臣制定职业能力开发基本计划，代替旧的职业训练基本计划，都道府县知事根据该计划制定都道府县职业能力开发基本计划。同时，该法还提出为了使雇佣的劳动者可以进行职业能力的开发提高，企事业主应当制定职业能力开发相关计划，在设立职业能力开发工作者的同时，实施在职训练、在公共职业训练机构内进行训练、赋予劳动者带薪休假等。

国家及都道府县设置职业能力开发服务中心，对实施带薪休假教育训练休假的企事业主支付给付金等，进行各种援助和资助。此外，设立职业训练学校、技能开发中心、职业训练短期大学等机构。实施训练要有效利用专修学校等各种教育训练设施，完善训练标准及训练指导员资格制度，同时有效利用民间力量并对训练生的就业进行援助。

4. 训练业绩（1986—1990 年）

第一，公共职业训练。20 世纪 80 年代中期都道府县设立学校的技能劳动者养成训练的入学率为 85% 左右，高中毕业生以上所占比例也有所提高。事业团设立学校的技能劳动者养成训练进一步转变为短期大学。为满足信息化的需求，1985 年职业训练大学新设立了信息工学学科。

在技能提高训练中，参加焊接、机械、电工、会计、汽车装配等职业工种的人员较多，占所有参与人员的一半左右。根据 85 年法，公共训练机构也根据本地需求设置了一些短期技能培训课程，比如与服务业和信息技术相关的训练项目。

能力再开发训练的入学率在都道府县设立学校为 85% 左右，事业团设立学校为 90% 左右。随着自动化的急速发展，为应对自动化、信息处理技术人才不足的问题，公共职业训练机构都加紧配备了办公自动化机器和工厂自动化机器，同时在养成、提高、能力再开发等各训练课程中实施自动化相关训练。此外，为应对经济服务化，扩充了第三产业相关职业工种的训练科目。为了应对高龄者和女性的要求，在养成、能力再开发训练方面也实施了相关训练，同时也强调了通过委托外部机构开展训练。1986年7月开始，公共职业训练机构开始进行免费职业介绍。

为应对日元升值带来的产业结构调整的问题，1986年9月日本政府制定了综合性的经济政策，其中一个方面就是加强对转岗转业所必须的职业训练。1987年，政府提出30万人雇佣开发计划，旨在对在职人员以及离职人员参加职业训练进行资助。

第二，企事业内认定职业训练。从20世纪80年代到90年代，单独实施和共同实施认定职业训练的职场均有大幅增加。训练生人数也有大幅增加，但长期课程的训练生有所减少。短期课程的训练生人数有所增加，且大幅度超过了长期课程的训练生人数。

第三，技能鉴定。1988年引入特级考试，1993年开始实施3级考试和针对外国人技能研修生的基础1级和2级考试。1989年，技能鉴定的职业工种有133个，1级、2级合格人员各有30000—35000人。1992年，公司内鉴定认定制度主要有20类、72个职业工种。

（二）《职业能力开发促进法》的修订

1. 时代背景：泡沫崩溃、长期不景气期（1991—2002年）

进入20世纪90年代，股市下跌，大量企业破产，银行不良债权大幅增加。随着泡沫破灭、企业重组，多数企业开始进行雇佣政策的调整，用工需求大幅减少，特别是制造业和建筑业，其中技能工人和管理人员的减少最为突出。

为促进白领阶层职业规划的形成，1994年开始实施职业能力学习制度，1997年开设了职业生涯能力开发促进中心。1998年一改以往的向企事业主进行补助的做法，转为创立了直接资助劳动者的能力开发的教育训练给付制度。90年代以后，中高龄离职者增多，主要以毕业生未就业者和自发离职者为代表的青年失业者也显著增加。青年的失业率在整个90年代始终保持较高水平。1999年日本政府解散了雇佣促进事业团，设立了雇佣、能力开发机构。

2. 1992年修订《职业能力开发促进法》（简称"92年法"）

（1）修订法的内容

①增加了公共职业训练机构的业务，对事业主和劳动者等就各种训练提供信息、咨询及援助服务。

②公共职业训练机构名称的变更。职业训练学校、职业训练短期大学、职业训练大学变更为职业能力开发学校、职业能力开发短期大学、职业能力开发大学，技能开发中心变更为职业能力开发促进中心。

③在职业能力开发短期大学实施针对在职者的短期课程训练。

④在公共职业训练机构之外对白领阶级劳动者等进行知识学习为中心的职业训练。

⑤变更职业训练体系的划分方式。废除传统的技能劳动者养成训练、提高训练、能力再开发训练的分类，仅按训练的程度和时期进行区分。

⑥推动企业自主进行劳动者能力评价，实现技能鉴定考试资格的弹性化。

⑦实现职业训练指导员资格的弹性化。

⑧公共职业训练机构开始接收外国人研修生。

（2）训练课程

①普通职业训练：普通课程（初中毕业生2年，高中毕业生1年），专修课程（初中毕业生1年，高中毕业生6个月），短期课程（离职转职者等，6个月以下12小时以上）。

②特殊职业训练：专门课程（高中毕业生2年），专门短期课程（在职者等、6个月以下12小时以上）。

③指导员训练：长期课程（高中毕业生4年），研究课程（长期课程或大学毕业生2年），专门课程（提高训练1年或6个月），应用研究课程（1年），研修课程（12小时以上）。

（3）训练业绩（1991—1995年）

①公共职业训练：1993年事业团设立学校改为短期大学和技能开发中心（"92年法"中更名为职业能力开发促进中心）。1995年，日本共有65所职业能力开发促进中心。

为应对技术革新、自动化，在职者（提高）训练的计划招生人数持续维持在较高水准。其中都道府县设立学校的入学率为90%以上，事业团设立学校的入学率也增长到80%以上。离职转职者（能力再开发）训练的计划招生人数为都道府县设立学校4万人左右，事业团立学校5万人左右。入学率为都道府县立学校80%以上，事业团立学校基本在90%以上。除公共训练机构（专修学校、各种学校等）外的委托训练科目主要是汽车驾驶、一般事务（包含办公自动化）。

②事业内认定职业训练：90年代前期，单独实施和共同实施认定职业训练的职场都有所增加。训练生从1990年的164000人增加到1995年的192000人。但主要是短期课程训练生的增加，长期训练课程的训练生在这期间从不到4万人减少到不到3万人。认定训练较多的职业工种是机电一体化、电子、信息技术，以及建筑、服装设计、餐饮、旅游等。

③技能鉴定：这一时期，开展技能鉴定的职业工种有133个。为了解决技能鉴定制度长期以来的普及困难问题，日本进一步推行了企业内鉴定认定制度。1995年，有25家企事业主可开展技能鉴定，包括108个职业工种。

3. 1997年及2011年修订《职业能力开发促进法》

（1）1997年修订法的主要内容

①修法的基本理念是支援劳动者自主进行职业能力开发。

②对于通过实施带薪教育训练休假制度促进劳动者自主职业能力开发的企事业主，国家给予支持以确保劳动者可以接受职业训练和技能鉴定。

③雇佣促进事业团设置职业能力开发大学、综合大学。综合大学进行

职业训练指导员的培养。都道府县、事业主也可以设置短期大学、大学。

（2）2001年修订法的主要内容

①为促进劳动者自主进行职业能力开发，企事业主应对劳动者提供内部劳动力配置、雇佣管理办法等方面的信息，提供咨询服务。国家也应公布相关政策措施，保证企事业主可以持续推动劳动者自主职业能力开发。

②扩大了技能鉴定制度的委托范围。

（3）训练业绩（1996—2002年）

①公共职业训练。在职者（提高）训练和离职者（能力再开发）的训练，主要在都道府县设立职业能力开发学校和职业能力开发促进中心进行。对于在职者训练，都道府县设立学校的计划招生人数不到9万，事业团（机构）设立学校的计划招生人数从不到16万增加到22万。关于离职转职者的训练，总计划招生人数在都道府县设立学校保持4万多，事业团（机构）设立设施从不足6万增加到7万。训练结业者的就业率根据训练科目、训练时期、机构的所在地无法一概而论，但是训练时间越长就业率越高。2001年公共训练机构的实际平均就业率为60%，委托训练为41%。

2001年以后，离职转职者训练和在职者训练的计划招生人数都大幅增加。从业绩来看，离职转职者训练从2000年的24万增加到2001年的52万，在职者训练同年由27万增加到51万。

②事业内认定职业训练：单独实施和共同实施认定职业训练的职场数没有大的变化。训练生人数在1998年以后保持在21万多。

③技能鉴定：根据2001年修订法，取消原来指定事业团体开展鉴定的制度，日本建立了指定考试机关制度。2002年增加了金融规划、金融窗口服务、饭店服务及玻璃薄膜施工4个职业工种，由此，技能鉴定的职业工种也变为137个。2002年，企业内鉴定认定的职业工种有146个，技能审查认定的职业工种有27个。

④其他关联措施：生涯能力开发促进中心在1997年以后每年开设30堂左右的课程，2002年听讲者人数增加到将近8万。商务职业规划制度在1998年以后，每年有6万—7万人听讲，5000—12000人在认定考试中合格。2003年5月，对劳动者个人进行直接援助的教育训练给付金制度支付的课程数为1.7万个，1999年3月到2003年3月实际支付了108万人，约1480亿日元。职业规划形成促进援助金2002年支付了7267件，支付金额约为25亿日元。

（三）现今职业技能开发的趋势

现今在日本，企业之间开始出现打破传统长期雇佣惯例的倾向。只有在长期雇佣的前提下，事业主才会投入大量财力物力对劳动者进行工作场所的职业能力开发。因此，随着长期雇佣惯例的改变，传统的以企业为中心而开展的职业培训训练体系也会转向劳动者个人的自主训练。在这一情况下，首先需要在学校教育的阶段强调个人主导的职业训练的意义，使劳动者产生自觉参与职业训练的意识。同时，对于学校教育中的职业教育和指导方面需要进行改革，对于劳动者自主进行职业规划的支援措施也必不可少。只要有需求，就应不问职业工种和年龄，由公共职业训练机构和现存教育训练机构提供教育训练的机会。关于公共职业训练机构的教师派遣业务，需要和民间企业进行密切合作。随着教育学历化导向，传统的学校教育的模式受到了多方面质疑，学生实际操作能力低下成为非常严重的问题，因此也需重新审视学历教育模式。事实上，为解决这一问题，日本部分高中为了开发学生多样而多层次的能力，开始引入实践性职业教育。另一方面，大学教育也开始推进自由化和多样化。

第二章

日本现行职业技能开发政策

日本职业技能开发工作的开展主要依据《职业能力开发促进法》和《职业技能开发基本计划》。职业技能开发工作从对象上看，可分为离职者技能开发和在职者技能开发；从工作内容上看，分为职业技能开发和提高、职业技能评价、职业技能竞赛、技能人才表彰及国际合作。

一、《职业能力开发促进法》的主要内容

日本《职业能力开发促进法》（1969年7月18日第64号法案）的立法目的是：采取全面系统的措施以丰富和顺利开展职业训练和职业能力鉴定，确保劳动者有机会接受在职培训或自愿进行职业能力鉴定，从而促进劳动者工作所需能力的开发和提高，确保劳动者稳定就业和地位改善，进而促进经济和社会全方位的发展。该法律包含九章内容：总则、职业技能开发基本计划、职业能力开发促进、职业训练机构、技能鉴定、职业能力开发协会、其他、处罚、附则等。这里重点介绍总则、职业能力开发计划、职业能力开发促进、职业训练机构、技能鉴定五个部分。

（一）总则及职业能力开发计划

《职业能力开发促进法》的总则部分对立法的目的、相关概念的定义（劳动者、职业能力、职业能力鉴定、生涯规划等）、职业能力开发促进的基本理念及相关人员的职责等做了简要的介绍。

该法将"劳动者"界定为受雇于雇主的人（雇员）及求职者；将"职业能力"界定为劳动者从事相关工作应具备的能力；将"职业能力鉴定"界定为对劳动者从事相关职业工作应具备的职业技能和相关知识的考核（不包括厚生劳动省辖外的测试）；将"职业生涯规划"界定为劳动者根据

其个人倾向、职业经验及其他情况，确定的贯穿其长期职业生涯的职业发展目标，以及个人在择业、开发和提升职业能力方面的规划。

职业能力开发促进的基本理念是：职业能力开发和促进应当系统性地贯彻于劳动者职业生涯的各个阶段，同时也应适当考虑劳动者个人的职业生涯规划，以使其更加适应由于产业结构调整、技术进步及其他经济环境变化造成的变化，从而使劳动者在工作变动时顺利再就业。为实现这一基本原则，必须确保劳动者能获得与其职业生涯规划相匹配的职业训练和教育培训机会，职业培训应避免与学校教育重复。对于青年劳动者，提供职业培训应当特别关注其个性特征，充分开发潜力，使其成为独立的、有能力的劳动者；对于身体或精神有残疾的劳动者，提供职业训练应对其身体或精神状况予以特殊考虑。职业能力鉴定应当在建立客观公正的职业能力评估标准、鉴定方法和其他评估方式上，对劳动者通过职业训练、在岗教育培训获得的工作经验和知识等工作所需的职业技能进行适当的评估。

在相关人员职责方面，法律明确规定了雇主和政府的职责。雇主应当为其雇佣的劳动者提供必要的职业训练，提供最大限度的帮助确保雇员获得在岗职业训练或职业技能鉴定的机会，并提供必要的帮助使雇员能结合个人的职业生涯规划，自愿进行职业能力的开发和提高。政府应竭力支持和促进由雇主或其他相关人员实施的职业培训和职业能力鉴定，确保劳动者有机会自愿接受在职培训或职业能力鉴定，并为期望更换工作的劳动者及为提高职业能力需要特殊指导的劳动者提供职业训练。

职业能力开发计划由厚生劳动大臣制定，制定时应基于经济长期发展预期和劳动力市场变动趋势，同时考虑劳动力市场供需中多项因素的影响，如各行业/产业技能劳动者、职业分类、企业规模、劳动者年龄、劳动条件、劳动效率等。职业能力开发基本计划应包括劳动力供需状况（如技能劳动者供需趋势）、职业能力开发实施的目标、职业能力开发的实施措施等内容。

（二）职业能力开发促进

职业能力开发促进是该法的主要内容，包括雇主和政府为促进职业能力开发应采取的措施、政府职业训练（公共职业训练）的实施、对雇主提供职业训练的认定、对实际工作中职业训练计划的认定、职业能力开发综合大学及职业训练指导员等六部分。

第一，雇主施行职业能力开发促进的措施。首先，雇主应充分保障劳动者获得多方式职业培训的机会，如在实际工作中的在岗培训、公共职业能力开发设施提供的职业培训、由雇主之外的具有资质进行职业能力开发及提升的个人或机构提供的教育培训、认定职业培训等。其次，雇主应提供必要的协助促进劳动者有机会和时间接受职业训练或职业能力鉴定。如提供带薪教育培训休假、长期教育培训休假、再就职准备休假及其他休假；或采取改变工作起始时间、缩短工作时间等措施。再次，雇主需任命相应员工制定和推进职业能力开发计划。

第二，国家及都道府县政府职业能力开发促进措施。首先，国家及都道府县政府应对由雇主和劳动者实施的职业训练和职业能力鉴定进行必要的援助，包括提供相关信息及咨询服务、制定计划、派出职业训练指导员、接受并开展部分职业训练、给予奖励措施等。其次，政府应开展职业能力开发相关的调查，并进行相关的宣传和引导。包括就职业训练、职业能力鉴定及其他有关职业能力开发和提升方面进行调查和研究、收集整理信息，以供雇主、劳动者和其他人员使用；开展各项宣传和引导活动，创造良好的社会氛围，增强雇主及公众对职业技能的理解和关注。

第三，国家及都道府县政府职业训练的实施。首先，政府应设立公共职业能力开发机构（设施），包括职业技能开发学校、职业技能开发短期大学、职业技能开发大学、职业技能开发促进中心及残疾人职业技能开发学校等。其次，政府提供的职业训练在课程、培训时间、设备或其他方面按照厚生劳动省规定的标准执行，应尽量使用厚生劳动省认准的教科书或其他培训资料。再次，政府应给依照规定接受公共职业培训的求职者发放津贴。公共职业能力开发设施负责人应与公共职业安定所负责人紧密合作，竭力采取必要措施协助接受公共职业培训的求职者尽快找到工作。

第四，对雇主提供的职业训练的认定。雇主提供的职业训练若遵照厚生劳动省的规定，在课程、培训时间、设备或其他方面加强和保持厚生劳动省在每类职业培训课程中规定的标准，经雇主提出申请，可由都道府县政府进行认定。在不妨碍业务运营的情况下，获得认证职业训练资格的雇主应尽力使其他雇主可利用其设施进行职业训练，或接受委托向其他雇主雇佣的员工提供职业训练。

第五，对实践工作中的职业训练计划的认定。按照厚生劳动省的规定，计划在实践工作中提供职业训练（实习、培训）的雇主应制定职业训练实施计划，并向厚生劳动省申请认定。训练计划应包括训练对象、训练时间与内容、职业能力评价方法、训练负责人、厚生劳动省规定的其他事项。

第六，职业能力开发综合大学及职业训练指导员。职业能力开发综合大学应通过向有志成为公共职业训练和认证职业训练负责人的人员，传授必需的技能和知识以培育训练指导员。职业训练指导员应持有都道府县政府颁发的执业许可证。执业许可证应根据厚生劳动省规定的职业种类分别授予。

（三）职业训练机构

《职业能力开发促进法》第四章职业训练机构部分重点规定了职业训练机构的业务范围、注册及设立程序和要求、法人代表及理事、机构章程、对职业训练机构的监督、机构的解散和破产程序等内容。

职业训练机构除提供职业训练外，还应提供职业训练的相关信息和资料、开展职业训练的相关调查和研究，及其他与促进职业能力开发和提升相关的必要业务。职业训练机构的建立应经都道府县政府的批准。都道府县知事应对职业训练机构的业务进行监督管理，在其职权范围内，可在任何时间对职业训练机构的业务和财产状况进行检查。

（四）技能鉴定

技能鉴定，是厚生劳动省大臣根据政令所制定的各个职业种类，发布厚生劳动省令来分等级进行考试鉴定。对于那些根据厚生劳动省令规定的不适合分等级的职业鉴定种类，可在不区分等级的状况下进行鉴定。技能鉴定包括实操考试和理论考试。厚生劳动省对技能鉴定合格人员颁发合格证书，通过技能鉴定的人员成为技能士。

厚生劳动省大臣每年制定签发技能鉴定计划，并公布给相关人员。都道府县知事按照前项计划的规定，实施技能鉴定及其他相关业务。厚生劳动省大臣可以委托中央职业能力开发协会执行一部分技能鉴定相关工作，包括制定技能鉴定考试的试题、鉴定考试的考核标准以及技能鉴定考试实施的相关技术指导。都道府县知事可委托地方职业能力开发协会执行技能鉴定的实施及其他相关业务。

厚生劳动大臣根据厚生劳动省令的规定，对于事业主团体及其联合团体或者一般社团法人及一般财团法人、具备法人资格的工会或非营利性机构，符合相关规定可以成为指定考试机构。在必要时，厚生劳动省大臣有权要求指定考试机构就其业务相关工作做述职报告，或由厚生劳动省人员到指定考试机构检查业务状况或账簿、书籍及其他资料。

（五）职业能力开发协会

《职业能力开发促进法》第六章主要规定中央和都道府县职业能力开发协会的目的、业务内容、会员资格、会费、设立条件、机构章程、管理人员任免、技能鉴定委员会等内容。

中央职业能力开发协会的目的是实现促进职业能力开发及提升的基本理念，帮助都道府县政府职业能力开发协会健康发展，通过与国家和都道府县政府紧密合作促进职业能力开发。全国仅设立一个中央协会，中央协会的业务包括：（1）指导和联络接受职业培训、职业能力鉴定及其他职业能力开发相关业务的会员；（2）培训用人单位内承担职业培训工作的人员，培训都道府县政府技能鉴定委员会成员；（3）发布和宣传职业培训、职业能力鉴定及其他职业能力开发相关业务的信息及资料；（4）进行职业培训、职业能力鉴定及其他职业能力开发相关业务的调查和研究；（5）开展职业培训、职业能力鉴定及其他职业能力开发相关业务的国际合作；（6）其他与促进职业能力开发相关的必要业务。技能鉴定考试实施相关的技术方面的业务，如准备考试问题、确定考试标准等，由中央技能鉴定委员执行。国家可以为中央协会开展业务提供必要的援助。

都道府县职业能力开发协会的目的是实现促进职业能力开发及提升的基本理念，在都道府县区域内与当地政府密切合作，促进职业能力开发。各都道府县应在其地方管辖的区域内建立一个都道府县职业能力开发协会。都道府县协会应实施以下业务：（1）指导和联络接受职业培训、职业能力鉴定及其他职业能力开发相关业务的会员；（2）向雇主和劳动者等提供职业培训和职业能力鉴定方面的咨询、指导和必要的援助；（3）向雇主和劳动者等提供技能劳动者的信息；（4）在都道府县协会法人区域内，培训用人单位承担职业培训工作的人员；（5）在都道府县协会法人区域内，发布和宣传职业培训、职业能力鉴定和其他职业能力开发相关业务的信息和资料；（6）在都道府县协会法人区域内，开展职业能力、职业能力鉴定和其他职业能力开发相关事宜的调查和研究；（7）在都道府县协会法人区域内，在职业培训、职业能力鉴定和其他职业能力开发的国际合作事宜方面，提供建议和帮助；（8）在都道府县协会法人区域内，开展其他任何促进职业能力开发的必要业务。都道府县政府应向都道府县协会提供其开展业务所需的必要帮助，国家也应提供相应补贴等。

二、《第十次职业能力开发基本计划》

日本《第十次职业能力开发基本计划》(以下简称《计划》)定位是面向提高生产率的人才培养战略，实施时间为2016—2021年。《计划》包括总述、围绕职业能力开发方面的社会经济变化、职业能力开发的方向、职业能力开发的基本措施、技能振兴、推进职业能力开发领域的国际协作合作等六部分内容。

（一）围绕职业能力开发方面的社会经济变化

该部分主要包含三方面的内容：近年来劳动力市场的变化、劳动力需求结构的变化、劳动力供给结构的变化。

第一，近年来劳动力市场的变化。日本经济缓慢复苏，雇佣形势得到改善，有效求人倍率有所增加、完全失业率水平较低，多数行业出现用工短缺的情况，劳动力流动和职业转换的需求增加。

第二，劳动力需求结构的变化。产业重心由第一产业和第二产业转移到服务业等第三产业。同时，在老龄化的背景下，医疗业、社会服务业的就业者将会增多。受技术进步的影响，重复性作业较多的工作的劳动需求将会减少，相反对于技术上无法被代替的工作的需求将会变多。

第三，劳动力供给结构的变化。伴随着少子和老龄化的发展，人口总量进入减少期。25—54岁青壮年男性的就业率有下降的趋势，55—64岁男性近年来的就业率有所升高；25—64岁年龄层的女性就业率有上升趋势；高龄者的就业意愿较强，劳动者平均工龄有延长趋势；非正规雇佣劳动者的人数有所增加；啃老族人数仍然偏高；劳动者在自我能力开发和提高方面受时间、费用等问题的制约。

（二）职业能力开发的方向

职业能力开发的方向有四个，分别为：面向提高生产率强化人才培养；面向"加速实现全民参加型社会"，推进满足女性、青年、中高龄者、残障人士等各类人群特点及需求的职业能力全面提升；结合产业界的需求及地方特色推进人才培养；为实现人力资源最佳配置，战略性完善劳动市场基础制度。

（三）职业能力开发的基本措施

第一，面向提高生产率强化人才培养，主要做三方面工作：加快推进IT人才培养，推进劳动者为主体的职业规划形成，强化企业、产业人才培养。

第二，面向"加速实现全民参加型社会"，推进满足女性、青年、中高龄者、残障人士等各类人群特点及需求的职业能力全面提升，主要包括五方面内容：以促进女性就业为目的的职业能力开发；青少年职业能力开发；中高龄者职业能力开发；促进残障人士职业能力开发学校的招生，提供考虑到各类残障特征的职业训练机会；非正规雇佣职工的职业能力开发。

第三，结合产业界的需求及地方特色推进人才培养。在地方通过产学官联合构筑地方联盟，推进更有可能提高就业率的职业训练课程的开发事业；支援能够对应企业和地方多种多样需求的新人才培养计划的开发。探讨更有效果的掌握产业需求的方法，切实进行地方培训业绩的跟踪和分析。

第四，为实现最佳人力资源配置，战略性完善劳动力市场基础制度，主要包括六方面内容：立足中长期人才需求的人才培养战略；立足各产业及地方需求实施公共职业训练等；完善以对人服务领域为重点的技能考试，通过普及促进社内检定认证制度构筑职业能力评价制度；促进活用"工作卡片"制度；促进企业内人才培养投资；强化都道府县劳动局功能。

（四）技能振兴和推进职业能力开发领域的国际协作、合作

推进"制造业职人"的技能传承以及地方的技能振兴措施，引导青年进入制造领域。对于青年技能劳动者的培养，不仅是熟练技能的培养，还

要实行能培养其技能传承能力的措施。另外，通过对卓越的技能劳动者的表彰和参加世界技能大赛等技能竞技活动，向包含在校学生的青少年宣传"技能"的重要性和魅力。对于高级技师应提高其社会认知度，推进提高其社会评价和价值的措施。

将技能鉴定等技能评价系统向国际推广。与外务省等有关部门合作，向发展中国家派遣训练指导员和职业能力开发领域的专家，以支援发展中国家的人才培养。积极接收发展中国家的职业训练指导员，对其进行培训方法、职业咨询技能等训练指导所必需的能力培养。

第三章

日本职业技能训练

日本的职业技能训练及对职业技能的开发和提高包括：在公共职业培训机构开展的培训、在民间教育培训机构开展的基于求职者（不能领取雇佣保险的）支援制度的职业培训和雇主开展的职业培训等内容。另外，为鼓励劳动者参与培训、激励企业开展培训，日本还有一系列补助金，对劳动者职业能力的形成和雇主实施教育培训进行支援。

一、公共职业技能开发机构

日本公共职业技能开发机构可分为职业技能开发学校、职业技能开发短期学校、职业技能开发综合大学、职业技能开发促进中心、残障人士技能开发学校等（详见表3-1）。

职业技能开发学校是由都道府县、市村町设立，主要针对初中学历者、高中学历者、离职者以及在职者实施职业培训。截至2016年底，由都道府县设立的职业技能开发学校共152所，市村町设立的有1所。

职业技能开发短期大学是由独立行政法人高龄者、残障人士、求职者雇佣支援机构和都道府县设立，主要针对高中学历者等实施高度的职业培训（专业课程）。截至2016年底，由独立行政法人高龄者、残障人士、求职者雇佣支援机构设立的职业技能开发短期大学有1所，由都道府县设立的有13所。

职业技能开发大学是由独立行政法人高龄者、残障人士、求职者雇佣支援机构设立。主要针对高中学历者等实施高度的职业培训（专业课程），及对专业课程学习完毕的人员实施高度的专业且具有实用性的职业培训（实用课程）。截至2016年底，共有职业技能开发大学10所。

职业技能开发促进中心是由独立行政法人高龄者、残障人士、求职者雇佣支援机构设立，主要针对离职者及在职者开展短期的职业培训。截至2016年底，共有职业技能开发促进中心46所。

残障人士技能开发学校是由国家及都道府县设立，主要根据残障人士的能力、资质等实施职业培训。截至2016年底，由国家设立的残障人士技能开发学校有13所，都道府县设立的有6所。

职业技能开发综合高校（大学）是由独立行政法人高龄者、残障人士、求职者雇佣支援机构和都道府县设立，主要负责职业培训指导人员的培养、职业能力开发相关调查和研究开发等。截至2016年底，仅有1所职业技能开发综合高校（大学）。

表3-1 公共职业技能开发机构的种类

机构	主要职业培训种类	设置主体	机构数量
职业技能开发学校	对初中学历者、高中学历者、离职者以及在职者实施职业培训	都道府县	152
		市町村	1
职业技能开发短期大学	对高中学历者等实施高级别职业培训（专业课程）	机构	1
		都道府县	13
职业技能开发大学	对高中学历者等实施高级别的职业培训（专业课程）；对专业课程学习完毕的人员实施高级别专业且具有实用性的职业培训（实用课程）	机构	10
职业技能开发促进中心	对离职者及在职者开展短期的职业培训	机构	46
残障人士职业技能开发学校	根据残障人士的能力、资质等实施职业培训	国家	13
		都道府县	6
职业技能开发综合高校	负责职业培训指导人员的培养、职业能力开发相关调查和研究开发等	机构	1

"机构"指独立行政法人高龄者、残障人士、求职者雇佣支援机构。

资料来源：《日本职业技能开发制度概要》，厚生劳动省职业能力开发局海外协助室，2016年10月19日。

二、公共职业训练概要

除企业内部培训外，国家及都道府县也开展公共职业训练，主要对象包括离职者（可享受雇佣保险）、在职者（一般为中小企业的核心正社员、新入职社员）、毕业生（高中毕业生）等三大类。[①]

（一）离职者训练

离职者训练的目的是使离职者能掌握再就业所需的知识和技能。离职者训练的主要对象是 HELLO WORK 的求职者（均为可享受雇佣保险的人员），培训时间一般为 3 个月到 1 年。培训教材费用由求职者承担，其他费用全免。离职者训练的实施机构一般为独立行政法人高龄者、残障人士、求职者雇佣支援机构（国家开展金属加工、电气设备等方面培训），职业技能开发学校（都道府县开展汽车维修、木工、园艺等方面培训），或民间教育培训机构。民间教育培训机构一般是受都道府县委托，开展一些不需要高额设备投入的培训，比如信息技术、照护等方面的培训。

（二）在职者训练

在职者训练的对象为在职劳动者，一般为中小企业的核心正社员、新入职社员。在职者培训的目的是提高在职者从事高难度工作领域所需的知识和技能水平。培训时间一般为 2—5 天，培训费用由个人或企业承担。此类培训的实施机构一般为国家（独立行政法人高龄者、残障人士、求职者雇佣支援机构）和都道府县的职业技能开发促进中心。

（三）毕业人员训练

毕业人员训练是针对初高中毕业生开展的专业、应用知识技能的长期训练课程，初中毕业生培训时间一般为 2 年，高中毕业生培训时间为 1—2 年。参与培训人员需要付费。培训的实施机构主要为国家和都道府县设置

---

① 厚生劳动省网站，http://www.mhlw.go.jp/stf/seisakunitsuite/bunya/koyou_roudou/shokugyounouryoku/for_worker/kousyoku/index.html。

的职业技能开发学校、职业技能开发大学。毕业人员训练侧重实际操作技能，主要是培养符合都道府县产业发展特点的技能劳动者。

（四）公共职业训练的流程

离职者、在职者和毕业人员均可到公共职业能力开发机构申请培训课程。日本公共职业训练具有较为完善的流程，保证了培训训练的有效性和针对性，特别是职业训练咨询说明。

（1）离职者。有就业意愿的离职者可到职业安定所进行求职报名，并进行职业训练咨询，咨询内容包括公共职业训练以及求职人员支援培训的说明、接受职业训练的补助金说明、训练课程的说明等，可以参观培训设施也可听说明会；随后，职业安定所的专业人员根据离职者的个人情况和求职意愿判断其受训的必要性，主要判断依据两点，一是为寻找到合适的职位必须接受培训，二是具有接受职业培训所必需的能力；若认为有必要接受训练，则由离职者提出受训申请；提出受训申请后则要进行面试和适应性检查；通过面试和适应性检查后，参加受训介绍；最后接受课程培训。

（2）在职人员和毕业人员。这两类人员可直接向公共职业技能开发机构报名参加培训课程，但也须经过受训申请—面试和适应性检查—受训介绍—课程培训四个阶段。

```
┌─────────────────────────────────────────────────────────┐
│ 离职者培训以 HELLO WORK 求职者为对象，对通过职业咨询后认为有必要│
│ 接受培训的人员开展有利于其实现再就业的培训。在职人员和毕业人员培训，│
│ 可直接向公共职业技能开发机构报名                          │
└─────────────────────────────────────────────────────────┘
                            ↓
┌─────────────────────────────────────────────────────────┐
│ 受理离职者培训：为寻找到合适职位有必要接受培训且具有接受职业培训所需│
│ 能力的人介绍培训课程，为公共就业安定所批准的接受培训的人介绍培训课程│
└─────────────────────────────────────────────────────────┘
```

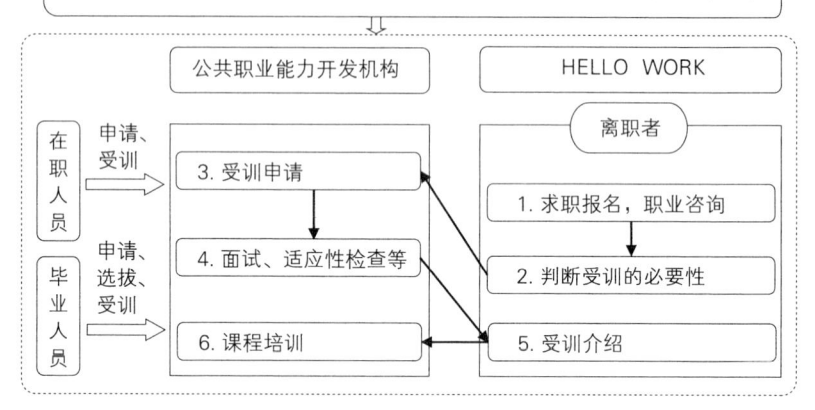

```
        公共职业能力开发机构              HELLO WORK
                                        ┌─离职者────┐
  在职   申请、受训                       │           │
  人员  ─────→  3. 受训申请  ←─────────  │ 1. 求职报名，职业咨询│
                   ↓                    │     ↓     │
  毕业  申请、选拔、受训  4. 面试、适应性检查等 ←→│ 2. 判断受训的必要性│
  人员  ─────→  6. 课程培训  ←─────────  │ 5. 受训介绍│
                                        └───────────┘
```

图 3-1　公共职业培训授课流程

资料来源：《日本职业技能开发制度概要》，厚生劳动省职业能力开发局海外协助室，2016 年 10 月 19 日。

HELLO WORK 是日本公共职业安定机构，主要业务包括劳动者求职及职业发展咨询、招聘及求职信息发布、育龄女性就业援助、职业培训咨询等。

（五）公共职业训练实施主体及其作用

国家（厚生劳动省）在公共职业训练方面发挥的作用主要有四个方面：第一，财政支援，即给机构和都道府县提供补贴及补助金；第二，汇总地方职业技能开发实施计划；第三，制定国家职业培训实施计划（厚生劳动大臣公告）；第四，负责政府委托培训的执行管理，包括调整数量设定、预算执行状况等。

都道府县劳动局的作用主要体现在以下方面：第一，从强化就业与培训的对接角度，将招聘与求职动向、培训参与情况及就业情况及时反映到培训领域；对雇主进行访问，把握其对职业培训的期望和需求，将信息反馈给都道府县；第二，在发生大规模倒闭的情况下，根据必要性，实施灵活性的委托培训。

独立行政法人高龄者、残障人士、求职者雇佣支援机构，以及其设立的职业技能开发高校、职业技能开发促进中心，均享有国家提供的运营费用补助、设施设备补助金等。都道府县的设施内培训（职业技能开发大学、职业技能开发技术学校）的费用由国家和都道府县共同承担，国家提供一些补贴及一半的设施设备补助金。由都道府县委托民间培训机构开展的公共职业技能培训由国家提供委托费用。

（六）公共职业训练实施情况

2017年，日本公共职业训练受训人数246662人。其中，离职者训练112306人，占45.53%；在职者训练116938人，占47.41%；毕业人员训练17418人，占7.06%。所有受训人员中，由都道府县培训的有147792人，占59.92%；由独立行政法人高龄者、残障人士、求职者雇佣支援机构培训的有98870人，占40.08%。

表3-2　2017年日本公共职业训练实施状况

	合计		机构		都道府县	
	受训人数	就业率（%）	受训人数	就业率（%）	受训人数	就业率（%）
离职者训练	112306	—	27874	—	84432	—
公共设施内	34603	87.1	27081	87.9	7522	85.1
委托	77703	74.9	793	84.7	76910	74.8
在职者训练	116938	—	65309	—	51629	—
毕业人员训练	17418	96.8	5687	99.6	11731	96.0
合计	246662	—	98870	—	147792	—

注：机构指独立行政法人高龄者、残障人士、求职者雇佣支援机构；离职者训练的就业率是指训练结束3个月后的就业状况；毕业人员训练的就业率是指训练结束后1个月的就业状况。

来源：日本厚生劳动省网站，https://www.mhlw.go.jp/stf/seisakunitsuite/bunya/koyou_roudou/jinzaikaihatsu/index.html。

三、基于求职者援助制度的职业训练[①]

求职者援助的对象主要是无法获得雇佣保险的求职者，包括不适用雇佣保险的人、加入期间不足而不能领取雇佣保险的人、雇佣保险领取结束的人、未就业的学生和个体户停业者等。职业培训的实施机构由厚生劳动省认可的民间教育培训机构实施，根据参训人员的就业情况，政府给予培训机构奖金。培训机构提供免费的职业培训，若求职者收入、家庭收入或资产条件等满足一定的支付条件，为促进其有机会参加职业培训，还可给予一定的补贴（培训期间给予每月10万日元生活补助+交通费及住宿费）。若有违规欺骗申领补贴的，可处以补贴额3倍以内的罚款。

职业培训分为基础课和实践课两种，基础课一般是针对基本工作能力和短时间内能学会的技能等方面的培训，基础课一般为2—4个月。实践课主要针对某一具体职业工作时所需实践性技能的培训，一般为3—6个月。为了提高求职者支援培训的质量，对于就业业绩在一定水平以下的情况等厚生劳动省不予认定。认定的一些条件为：（1）在申请认定求职者支援培训之前的3年间，有过与此难度及时间相当的职业培训。（2）讲师除了专业知识外，还需要"有充分的经验"指导其负责的科目内容。（3）需每月评价学习状况、提交评价的作业卡。（4）求职者支援培训学员的就业情况显著不坏。（5）需安排专门的就业支援负责人。

根据参加培训求职者的就业业绩，对培训机构给予奖金。针对实践课程：在接受培训的人中，就业情况特别稳定的人占60%以上的给予7万日元/人月的培训费用；35%以上未满60%的给予6万日元/人月的培

[①] 日本厚生劳动省官网，https://www.mhlw.go.jp/stf/seisakunitsuite/bunya/koyou_roudou/koyou/kyushokusha_shien/index.html。

训费用；35% 以下的给予 5 万日元 / 人月的培训费用。针对基础课程，采取定额制，按照培训学员人数给予 6 万日元 / 人月的培训费用，其中建设人才的培养课程，按照 10 万日元 / 人月支付。除此之外，对于提供托儿服务的培训实施机构，按照每名儿童每月 6 万 6 千日元为上限支付保育奖金。

根据求职者个人情况，给予培训补贴。每个支付单位期间（从培训开始日每隔 1 个月划分的期间）给予 10 万日元补贴，但对于天数不满 28 天的，补助金按照 3,580 日元 × 天数给予。另外还支付交通费和住宿费用。享受补助金的条件如下：

在支付补助金的单位期间：

①收入在 8 万日元以下；

②家庭收入在 25 万日元以下；

③家庭的金融资产在 300 万日元以下；

④除了实际居住的土地、建筑物以外，没有土地、建筑物；

⑤培训的所有实施日都参加培训（如果有因为不得已的理由而没有参加培训的话，参加天数需占 8 成以上）；

⑥家庭中没有其他领取补助金参加培训的人；

⑦在过去 3 年内没有非法领取失业补助等。

补助金可领取的天数一般为 12 个支付单位期间（相当于 1 年），必要时也可延长到 24 个支付单位期间（相当于 2 年）；从上次享受补助金培训开始之日前，6 年内不能重复享受。

基于求职者援助制度的职业培训始终围绕求职和就业，在开始培训前、培训期间、培训结束后，与培训实施机构进行紧密合作，以职业指导为中心，为每一位学员制定个别就业支援计划，需参训学员每月来一次职业介绍所，确认上个月培训出席情况，并支付补助金，如果不来职业介绍所，则以后不予支付补助金。

四、对雇主的支援（推动雇主实施教育培训）

为鼓励和推动企业开展职业培训，日本政府实施了人才开发支援助成金[原职业技能形成促进辅助金（2001年起）]、职业寄生提升辅助金（2013年起）、认定职业训练制度（1969年起）。

（一）人才开发支援助成金

人才开发支援助成金（原职业技能形成促进辅助金）于2001年开始实施，主要针对正规社员，国家对进行职业培训的雇主进行补贴，包括训练经费和训练中的工资补助，2016年预算为209亿日元。

表3-3 人才开发支援助成金概要[①]

			补助比例及金额	
	对象	内容	注：（ ）内为中小企业以外	若符合劳动生产率要求
特定训练（提高劳动生产率、训练效果要求高的）	中小企业以外；中小企业；事业主团体	1.与提高劳动生产率直接相关的训练 2.雇佣型训练（认定实习用职业训练、中老年雇佣型训练）、青年劳动者训练、熟练劳动者训练、技能传承训练等	1.脱产培训（1）训练经费：45（30）%；[60（45）%]（2）工资补助：760（380）日元 2.在岗培训（仅限雇佣型训练）补助：665（380）日元	1.脱产培训（1）训练经费：60（45）%；[75（60）%]（2）工资补助：960（480）日元 2.在岗培训（仅限雇佣型训练）补助：840（480）日元
一般训练	中小企业；事业主团体	特定训练以外的训练	脱产培训（1）训练经费：30%（2）工资补助：380日元	脱产培训（1）训练经费：45%（2）工资补助：480日元

---

① 日本厚生劳动省官网，http://www.mhlw.go.jp/stf/seisakunitsuite/bunya/koyou_roudou/koyou/kyufukin/d01-1.html。

续表

对象	内容	补助比例及金额	
		注：（ ）内为中小企业以外	若符合劳动生产率要求
职业技能形成支援制度 / 中小企业	实行自我职业培训制度、教育培训休假等制度	制度实施补助 47.5 万日元	制度实施补助 60 万日元
职业能力鉴定制度 / 中小企业	实施技能鉴定合格者奖金制度、企业内鉴定制度、行业鉴定制度		

注：1. 企业一年度的补助上线是 1000 万日元（只有一般训练的话为 500 万日元），特定训练课程的补助对象的训练时间为 10 小时以上（一般训练为 20 小时以上）。

2. [ ] 内表示的为：在雇佣型训练中，建设业、制造业、信息通信行业，以及其他需要进行大量实践培训的领域（特定领域），或根据青年雇佣促进法的认证企业及自助经营项目的情况。

3. 行业鉴定制度实施对象为事业主团体。

（二）职业提升辅助金[①]

职业提升辅助金是 2013 年新设的，主要针对非正规劳动者（有期契约劳动者、短时间劳动者、派遣劳动者），若雇主针对非正规劳动者采取措施使其正社员化、参与培训或改善待遇，国家则给予一定的补助金，2016 年预算为 410 亿日元。

---

① 日本厚生劳动省官网，http://www.mhlw.go.jp/stf/seisakunitsuite/bunya/koyou_roudou/part_haken/jigyounushi/career.html。

表 3-4　职业提升辅助金概要

补助内容		补助金额 ＜＞是在提高生产效率的情况下的金额，（　）是大企业的额数
正社员化	有期契约劳动者转为正规雇佣或者直接雇佣	①有期转正规：每人 57 万日元＜72 万日元＞（42 万 7500 日元＜54 万日元＞） ②有期转无期：每人 28 万 5000 日元＜36 万日元＞（21 万 3750 日元＜27 万日元＞） ③无期转正规：每人 28 万 5000 日元＜36 万日元＞（21 万 3750 日元＜27 万日元＞） 注：（1）正规的内容包括"多样的正式员工（工作场所、职务限定的正式职员、短时间正式职员）" （2）如果派遣劳动者转为正式员工，或直接雇佣派遣劳动者，上述①③的情况：每人增加 28 万 5000 日元＜36 万日元＞（大企业相同） （3）如果是母子家庭的母亲等或父子家庭的父亲，经青年认定事业所认定的情况下，对未满 35 岁的劳动者转换，①情况下：人均 95,000 日元＜12 万日元＞（大企业相同的金额）。②③情况下：增加 47,500 日元＜60,000 日元＞（大企业相同） （4）新确立工作地、职务限定的正式员工制度，①③情况下：1 个单位增加 95,000 日元＜12 万日元＞(71,250 日元＜90000 日元＞)
人才培养	对有期契约劳动者进行以下训练：一般职业训练（脱产培训）、有期实习型训练	1. 脱产培训 （1）工资补助：1 小时 760 日元＜960 日元＞（475 日元＜600 日元＞） （2）训练补助：实际费用补助，根据训练时间数及人均限额计算［（）里为在实习型训练后转为正式雇佣的情况］ 未满 100 小时：10 万（7 万）日元；15 万（10 万）日元 超过 100 小时未满 200 小时：20 万（15 万）日元；30 万（20 万）日元 200 小时以上：30 万（20 万）日元；50 万（30 万）日元 2. 在岗培训 实施补助：1 小时 760 日元＜960 日元＞（665 日元＜840 日元＞）
待遇改善	全部或部分有期契约劳动者的基本工资有增加的情况	①工资增加 2% 以上 劳动者数 1—3 人的：95,000 日元＜12 万日元＞(71,250 日元＜90,000 日元＞)； 劳动者数 4—6 人的：19 万日元＜24 万日元＞(142,500 日元＜18 万日元＞)； 劳动者数 7—10 人的：285,000 日元＜36 万日元＞(19 万日元＜24 万日元＞)； 劳动者数 11—100 人的：人均 28,500 日元＜36,000 日元＞(19,000 日元＜24,000 日元＞)。 ②按雇佣形式、职务等级等工资规定增加 2% 以上 劳动者数 1—3 人的：47,500 日元＜6 万日元＞(33,250 日元＜42,000 日元＞)； 劳动者数 4—6 人的：95,000 日元＜12 万日元＞(71,250 日元＜90,000 日元＞)； 劳动者数 7—10 人的：142,500 日元＜18 万日元＞(95,000 日元＜12 万日元＞)； 劳动者数 11—100 人的：人均 14,250 日元＜18,000 日元＞(9,500 日元＜12,000 日元＞)。 注：（1）中小企业工资增加 3% 以上的，第①种情况下增加 14,250 日元＜18,000 日元＞，第②种情况下增加 7,600 日元＜9,600 日元＞； （2）根据"职务评价"方法实施的情况下，每个单位增加 19 万日元＜24 万日元＞(14 万 2500 日元＜18 万日元＞)。

（三）认定职业训练补助

雇主内设学校或雇主联合共同进行职业培训，培训课程、培训科目、培训期限、培训设备等达到了国家规定的标准，都道府县进行认定，认定后给予部分培训经费补贴。2015 年，全国认定 1106 家机构、2821 项课程，培训约 21.3 万人，培训课程主要是建筑、金属、机械加工、信息处理等。

表3-5　认定训练事业费补助金[1]

	补助对象	补助条件	补助者及补助上限
运营费	中小企业业主或中小企业团体，或按照《职业能力开发促进法》第13条规定的开展职业训练的法人等	左列机构单独或共同进行的认定职业训练所需要的经费	国家 1/3
			都道府县 1/3
			—
设施设备费	都道府县、市町村、中小企业主或中小企业团体，或按照《职业能力开发促进法》第13条规定的开展职业训练的法人等	左列机构进行的认定职业训练所需要的设施设备费	由都道府县设置的：国家 1/3
			由市町村、职业训练法人设置的：国家 1/3 都道府县 1/3

五、对劳动者职业能力形成的支援[2]

为鼓励和支持劳动者参加职业培训、提高技能水平，日本政府采取一系列的补贴政策，对劳动者职业能力的形成进行支援，包括对教育培训课程部分费用的补贴以及参加教育培训课程所带来的经济负担的援助等。其中，最为主要的是 2008 年 12 月开始实施的一般教育培训补贴、2014 年 10 月起开始实施的专业实践教育培训补贴。

---

[1] 日本厚生劳动省官网，http://www.mhlw.go.jp/stf/seisakunitsuite/bunya/koyou_roudou/jinzaikaihatsu/nintei/02.html。
[2] 日本厚生劳动省官网，https://www.hellowork.go.jp/insurance/insurance_education.html#kyouiku。

（一）一般教育培训补贴（2008年12月起）

1. 对象：在职员工和离职1年以内的劳动者，到厚生劳动大臣指定的一般教育培训机构接受培训的。

2. 条件：缴纳雇佣保险3年以上（第一次申请1年以上）。

3. 支付标准：讲座（课程）费用的20%，上限是10万日元/年。

4. 实施情况：政府认定了10056个讲座（课程），主要是机械驾驶、医疗和照护，2015年有120058人享受补贴。

（二）专业实践教育培训补贴（2014年10月起）

1. 对象：在职员工和离职1年以内的劳动者，到厚生劳动大臣指定的专业实践教育培训机构接受培训的。

2. 条件：缴纳雇佣保险10年以上（第一次申请2年以上）。

3. 支付标准：培训费用的40%，上限是32万日元/年，训练后一年内取得职业资格或就业，再追加20%的补贴，上限16万日元/年。

4. 实施情况：政府认定了2243个讲座（课程）。

（三）教育训练支援补助金（截至2019年3月31日的限时措施）

1. 支付对象：第一次进行专业实践教育训练（通讯制、夜间制除外）的人，在开始学习时满足未满45岁等一定的条件，在训练期间失业的情况下支付。

2. 支付金额：对于在教育培训时不能获得基本工资支付的时间内，按照与基本工资日额50%的比例支付，按照失业天数发给两个月补助金额。

第四章

日本职业能力评价制度

从宏观角度看，日本的职业能力评价制度包括职业技能鉴定制度（国家）、企业内部技能鉴定认定制度、职业能力评价基准三大部分。

一、职业技能鉴定制度（国家）

由国家组织的职业技能鉴定制度于1959年开始实施，是以《职业能力开发促进法》为基础，根据国家规定的标准，对劳动者进行专业知识与技能的考试和考核，确定其技能水平并对此做出公证的制度。

（一）技能鉴定的实施主体

职业技能鉴定的实施主体包括厚生劳动大臣、中央职业能力开发协会、都道府县知事、都道府县职业能力开发协会。厚生劳动大臣主要是负责成立专门调查委员会、确定鉴定科目范围及细目，制定技能鉴定实施计划，考试题目、操作要领的认定，试题合理性决定，考试指导监督，特级、1级及单一等级合格证书的制作等工作。中央职业能力开发协会负责考试题目、操作要领的制作，考试水准的调整，考试技术的指导等工作。都道府县知事主要负责考试收费标准确定、考试实施计划制定及公示，考试资格审查、免除资格指导监督，技能鉴定合格的决定和发布，2等级合格证书制作等工作。都道府县职业能力开发协会主要负责考试申请、资格筛查、免除资格审查、鉴定费用收取、考试实施、成绩判定、受检者名单制作、协助制作2等级证书等工作。

（二）技能鉴定的等级及实施流程

截至2016年底，技能鉴定的职业类别共128种，以建筑、制造技能领域为主，包括建筑、金属加工、机械、电气精密机械器具、食品、衣服及纺织品、木材及木制品、印刷等领域。技能鉴定的级别分为特级、1级、2级、3级、基础1级、基础2级和部分等级的"单一等级"。其中，特级、1级及单一等级技能鉴定合格者由厚生劳动大臣签名发证，2级及以下由都道府县行政长官签名发证，对合格人士授予"技能士"称号。

表4-1 职业技能鉴定等级及要求

等级	技能鉴定合格所需的必要技术及相关知识程度
特级	各鉴定职种的管理者或监督者通常应有的技能及相关知识程度
1级	各鉴定职种的高级技能劳动者通常应有的技能及相关知识程度
2级	各鉴定职种的中级技能劳动者通常应有的技能及相关知识程度
3级	各鉴定职种的初级技能劳动者通常应有的技能及相关知识程度
基础1级	各鉴定职种可进行基本业务所必要的技能及相关知识程度
基础2级	各鉴定职种可进行业务所必要的基础技能及相关知识程度
单一等级	各鉴定职种的高级劳动者通常应有的技能及相关知识程度

技能鉴定笔试时间全国统一，技能考试的时间则由都道府县根据情况自行确定。技能鉴定一般分为五个步骤：由行业委员会确定技能标准和考试标准；中央职业能力开发协会组织行业协会、工会、企业、学者共同参与制作考题；考题提交厚生劳动大臣许可，作为国家考试试题；考试实施和成绩判定、公布；合格证书的制作及发放。

1. 行业委员会确定技能标准和考试标准
2. 中央职业能力开发协会组织，行业协会、工会、企业、学者等共同参与制作考题
3. 厚生劳动大臣许可后作为国家考试试题
4. 考试实施、评定
5. 证书制作、发放

图 4-1　职业技能鉴定实施流程

技能考试的考官一般由行业协会、工会资深员工担任，需到中央职业能力开发协会接受培训，以保证地区间评价标准的公平性。技能鉴定考试不需要逐级考试，但是申请特级鉴定考试者必须有一级合格证书且工作满五年，补考没有时间限制。自技能鉴定制度创建以来截至2016年底已有574万人合格，鉴定通过率为40%—60%，不同等级和不同行业的鉴定通过率有差异。

二、企业内部技能鉴定认定制度

为鼓励对技能振兴做出贡献的企业，1984年创立了企业内部技能鉴定认定制度。部分企业或企业团体可根据自定的标准，对其雇佣的劳动者进行相关职业和工种的考核鉴定，帮助劳动者提高技能水平和经济社会地位，厚生劳动省通过一定的标准判断是否属于应该鼓励的制度，得到厚生劳动省认定的企业内考核鉴定制度，可以冠名"厚生劳动省认定"。企业内部技能鉴定的主要内容包括技术革新带来的尖端技能和在国家技能鉴定制度中未被包括的企业特需的技能两大部分。

截至2016年1月1日，厚生劳动省已经认定了46家企业、企业团体、行业协会，开展125个职业工种的考核鉴定。比如，永旺集团（鲜鱼、寿司、农产品等贩卖加工）、NISSAN汽车、资生堂、花王……全日本

美容业生活卫生同业组合联合会、日本盲人社会福祉设施协议会、管清工业株式会社（排水管清扫）……

三、职业能力评价基准

日本社会逐渐进入老龄化和少子化，要保持持续的经济增长必须发掘个人潜力，形成劳动者职业能力持续开发和有效利用的社会氛围。对企业来说，也有必要明确劳动者的职业能力，为招聘、薪酬、晋升等提供依据。由于职业技能鉴定制度主要是针对技能岗位的劳动者，无法涵盖所有职业工种。因此，在参考英国 NVQ 制度及其他经验的基础上，2002 年中央职业能力开发协会开始实施职业能力评价基准制度。2004 年首先公布了部分一般事务系列的能力评价基准，如经营战略、人力资源管理、人才与管理、企业法务等。随后又陆续开发了建筑业、制造业、运输业、金融保险业、超市零售业等相关职业工种的能力评价基准。2016 年，完成了殡葬业相关职业工种能力评价基准的开发。截至 2016 年底，已完成 54 个大类、275 个职业、626 项职务、6860 项能力的评价基准的开发。

在开发和制定职业能力评价基准时，优先考虑以下职业工种：一是需求比较大的职业工种，特别是企业、行业协会的需求；二是从业人员比较多的职业工种，尤其是临时工比较多的职业工种；三是制造业相关职业工种；四是服务业相关职业工种。职业能力评价基准的制定流程大致如下：

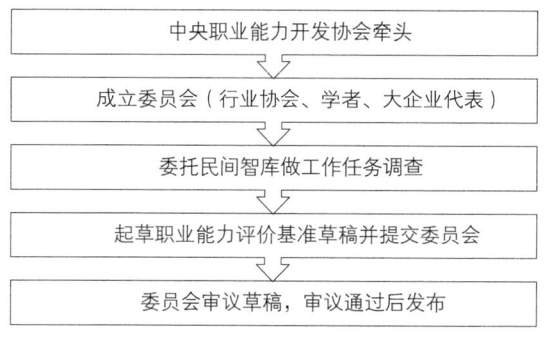

```
中央职业能力开发协会牵头
        ↓
成立委员会（行业协会、学者、大企业代表）
        ↓
委托民间智库做工作任务调查
        ↓
起草职业能力评价基准草稿并提交委员会
        ↓
委员会审议草稿，审议通过后发布
```

图 4-2　职业能力评价基准的制定流程

职业能力评价基准的特点主要体现在以下四个方面：一是覆盖范围广泛，充分体现各职业差别，既涵盖一般通用型职业，又包括建筑业、运输业、金融保险业、零售业等职业；二是企业行业协会充分参与评价基准制定，保证评价基准准确反映企业用人需求；三是评价基准详细可行，每一项职业能力评价基准都包括职业—职务—通用能力和专有能力—细分能力—工作标准，以及必备的知识等内容；四是职业能力评价基准即能力建设的标准，同时也可以作为培训的标准，也可以作为企业招聘、晋升的依据。

第五章

日本职业技能竞赛及技能劳动者表彰制度

职业技能竞赛是按照职业技能标准，结合工作实际需要，在特定的职业范围内开展的劳动竞赛或比武活动。职业技能竞赛使劳动者的职业技能得到充分的表现和展示，有利于选拔优秀技能人才，激发技能劳动者学技术的积极性。技能劳动者表彰是选拔高水平的技能劳动者，并在全社会给予表彰的制度。针对技能劳动者的表彰可以激发技能劳动者的职业荣誉感，提高其经济地位和社会地位。

一、职业技能竞赛[①]

为提高年轻人从事技能工作和就业的积极性，推动技能的传承创新，日本组织开展各式各样的技能竞赛活动。包括青年制造竞技大会、全日本技能竞技大会（青年技能者技能竞技大会）、技能大奖赛（熟练技能者的技能竞技大赛）、残疾人技能竞技大会等。

---

① 日本厚生劳动省官网，https://www.mhlw.go.jp/stf/seisakunitsuite/bunya/koyou_roudou/jinzaikaihatsu/ginoukyougi//index.html，2019年5月17日。

表 5-1　日本职业技能竞赛类别

项目	技能大奖赛	全日本技能竞赛	青年制造竞技大会
目的	进一步提高技能士的技能水平，通过在大众面前展示自身熟练的技能，提高其地位实现技能振兴	提高国内青年技能者的技能水平，形成尊重技能的社会氛围	给予技能学习中的年轻人目标，促进他们提高技能，促进年轻人就业，扩大年轻技能者的眼界
参赛资格	通过特级、1级及单一级别技能鉴定的技能士	拥有技能鉴定2级以上资格的，且23岁以下的青年技能者（公历偶数年份举办的大赛，兼为世界技能大赛的预选赛）	在职业能力开发机构、工业高等学校等机构中正在学习技能，没在企业就业的，年龄在20岁以下的年轻人
竞技水平	高级水平	高级到中级水平（技能鉴定2级以上）	初级水平（技能鉴定3级左右）
竞技职业类别	建筑钣金、染色校正、瓷砖等职业	世界技能大赛的职业类别，以及有利于提高国内青年技能者技能水平、培养尊重技能社会氛围的职业类别	车床、电子机器组装、建筑木匠等高等工业高中等机构中拥有较多技能学习者的职业类别
竞赛周期	每两年1次	每年1次	每年1次

（一）技能大奖赛[①]

技能大奖赛是日本高级水平的技能竞赛，每两年举行一次，参赛人员为通过特级、1级及单一级别技能鉴定的技能士，其目的是通过在大众面前展示熟练的技能，进一步提高技能士的技能水平，提高其地位实现技能振兴。2019年3月1日至4日，日本举行了第30回技能大奖赛。大赛由日本厚生劳动省、中央职业能力开发协会以及一般社团法人全国技能士联合会共同举办。主要在以下30个职业工种内开展：染色校正、女装、男装、日式坐垫、床上用品、石工、建筑木匠、草席制作、榻榻米制作、建

[①] 日本中央职业能力开发协会网站，https://www.javada.or.jp/jigyou/gino/ginogpx/30/30-kaisaikeikaku-2018092130.pdf，2019年5月17日。

筑管道、塑料地板饰面、地毯地板饰面、壁式安装、车床、铣床、机器装配、家具、细木工、玻璃工、贵金属装饰物、木头雕刻、餐具、园艺装饰、油漆广告艺术、胶粘片广告艺术、日本料理、花卉装饰、餐厅服务、瓷砖、园林绿化。

参赛资格包括以下三个方面：（1）通过特级、1级及单一级别技能鉴定的技能士。（2）都道府县职业能力开发协会（以下简称"都道府县协会"）会长或都道府县技师会（联合会）（以下简称"县技联"）会长向中央职业能力开发协会会长推荐的技能士。其中，餐厅服务行业，作为该职业指定考试机关的一般社团法人日本饭店服务技能协会会长向中央协会会长推荐的技能士。（3）过去在大奖赛上，没有在同一职业上获得过第一名。

都道府县协会或县技联将参加大奖赛的选手集中在一起，组成选手团。中央职业能力开发协会向每个选手收取一定金额的参赛费。对成绩优秀的人员进行表彰：

（1）对获得各个竞技职业第一名至第三名（并列或相当第三名）的授予奖状及奖牌。另外，可以根据需要设置特别奖作为技术委员奖。（2）通过厚生劳动大臣，向内阁总理大臣请求颁发内阁总理大臣奖。（3）各个竞技职业的第一名，授予内阁总理大臣奖（奖状及盾）或厚生劳动大臣奖（盾）。（4）向取得最优秀成绩的都道府县选手颁发厚生劳动大臣奖（奖状及盾）。（5）授予日本厚生劳动省人才开发综合官奖（奖状及盾）。（6）对取得仅次于上述第五项成绩的都道府县选手颁发中央协会会长奖（奖状及盾）或颁发全国技能士联合会会长奖（奖状及盾）。

（二）全日本技能竞赛[①]（技能奥运全国大赛）

全日本技能竞赛每年举办1次，主要目的是提高国内青年技能者的技

[①] 中央职业能力开发协会网站，https://www.javada.or.jp/jigyou/gino/zenkoku/about.html，2019年5月17日。

能水平，形成尊重技能的社会氛围。参赛选手为拥有技能鉴定2级以上资格，且23岁以下的青年技能者。其中，公历偶数年份举办的大赛，兼为世界技能大赛的预选赛。全日本技能竞赛各项目的金牌获得者将代表日本参加世界技能大赛。

第一届全日本技能竞赛于1963年5月在东京召开，旨在选拔第十二届世界技能大赛(爱尔兰)日本代表选手。到第二十八次全国大会为止，都是以东京都·千叶县内为主要会场，但第二十九次全国大会(1991年)由于中央职业能力开发协会和爱知县的共同主办，大赛在爱知县各会场开展。至此之后，根据参与共同举办的都道府县地点而改变举办地点的举办方式得到推进。

比赛的职业类别主要包括世界技能大赛的职业类别，以及有利于提高日本国内青年技能者技能水平、培养尊重技能社会氛围的职业类别。共分为金属类、电子技术类、机械类、信息通信类、建设·建筑类、服务·时尚类等六大类。如金属类包括电焊、汽车钣金等，电子技术类包括机电一体化、电力工程、移动机器人等，机械类包括精密设备组装、机械制图、车床、铣床、汽车工程等，信息通信类包括网络系统管理、信息网络建设、网页设计等，建设·建筑类包括瓷砖、砌墙、家具、建筑木工、园林绿化等，服务·时尚类包括贵金属类、美容美发、西餐、日本料理、餐厅服务等。

（三）青年制造竞技大会[①]

青年制造竞技大会是初级水平的技能竞赛，主要针对技能鉴定3级左右，在职业能力开发机构、工业高等学校等机构中正在学习技能，没在企业就业的，年龄在20岁以下的年轻人。竞赛的主要目的是增强年轻人学习技能的意识，明确技能学习的目标，促进他们提高技能，使他们成为独

---

① 中央职业能力开发协会网站，https://www.javada.or.jp/jyakunen20/index.html，2019年5月17日。

当一面的技能劳动者。

青年制造竞技大会由厚生劳动省和中央职业能力开发协会主办,每年举办一次。第十四次大会于 2019 年 7 月 31 日至 8 月 1 日举行。[①] 主要包括 15 个职业:机电一体化、机械制图(CAD)、车床、铣床、电子线路组件、电气结构、木材加工、建筑木匠、汽车维修、IT 网络系统管理、网页设计、商业 IT 软件解决方案、平面设计、机器人软件集成和园林绿化。对比赛成绩优异的进行以下表彰:(1)在每种职业比赛类型中取得最佳成绩或与之相当的成绩的人,以及作为组织者的奖项授予那些取得同等成就的人,颁发金奖、银奖、铜奖和大奖。(2)将每个竞赛职业类别的获奖者授予厚生劳动省大臣奖。

二、技能劳动者表彰

日本针对技能劳动者的表彰主要有国家功勋奖励的黄绶带奖章(Medal with Yellow Ribbon)。另有,经济产业省主管的"制造业日本大奖"及厚生劳动省主管的"卓越技能劳动者(现代名工)"。其中,"制造业日本大奖"设有内阁总理大臣奖、经济产业大臣奖、特别奖、优秀奖。

(一)黄绶带奖章[②]

黄绶带奖章设立于 1887 年,授予对象最初为"奉献私有财产,赞助海防事业之人"。1955 年,日本修改了黄绶带奖章的标准,改为"授予勤于业务,成为民众楷模之人"。此次修改标准后,北海道多年从事水稻技术改良的天崎正太郎成为第一个获奖者。2003 年,为了进一步扩大表彰范围,日本再次修改黄绶带奖章标准,表彰对象为"在第一线勤于业务,具有成为他人楷模的技术或成绩之人"。

[①] 中央职业能力开发协会网站,https://www.javada.or.jp/jyakunen20/14/14_kaisaikeikaku.pdf,2019 年 5 月 17 日。
[②] 张树华、潘晨光等著:《中外功勋荣誉制度》,中国社会科学出版社 2011 年版,第 459—465 页。

每年 4 月 29 日和 11 月 3 日公布奖章获奖者名单，原则上对同一人只授一次同类奖章，如有充足的理由再次表彰某人时，则授以"饰板"（类似于奖牌）。"饰板"分为金银两种，"饰板"授予的次数不受限制，每授五枚银"饰板"可换一枚金"饰板"。如果授奖对象已经死亡，则采用遗族追授的方式，颁发"银杯""木杯"或"奖杯"。奖章授予由行政部门首长颁发，授予仪式完毕后，由配偶陪同拜谒天皇。

奖章候选人的推荐程序是，由众议院院长、参议院院长、国立国会图书馆馆长、各省大臣、会计审计院院长、人事院院长、宫内厅长官及设置在内阁府的局长提出名单，向内阁总理大臣推荐候选人。候选人的推荐须以文件形式报送内阁府赏勋局进行协商，经内阁官房长官主持授章审查会议讨论；由内阁总理大臣审查，在内阁会议上讨论。

（二）制造业日本大奖[①]

1. 设置时间及目的

制造业日本大奖于 2004 年设立，当时日本制造业面临着众多前所未有的变化和挑战，为灵活应对新环境的变化，支持日本制造业的发展，切实继承和发扬为经济社会发展做出重大贡献的制造工艺，表彰活跃在制造业第一线的各个年龄段的优秀劳动者及团体，提高所有制造业相关人士的工作热情。

2. 表彰奖励设置及表彰周期人数

制造业日本大奖设置内阁总理大臣奖、经济产业大臣奖、特别奖、优秀奖，特别奖只针对遗憾错过内阁总理大臣奖和经济产业大臣奖，特别需要表彰的人。表彰周期为两年，每次设内阁总理大臣奖 25 项左右，经济产业大臣奖 15 项左右，特别奖 15 项左右，优秀奖若干（18—84 项），分别授予制造业名人称号、证书和奖牌等，证书根据奖名由不同的政府要员颁发。

[①] 日本经济产业省网站，https://www.monodzukuri.meti.go.jp/index.html，2019 年 6 月 6 日。

3. 评选范围

获奖者从申请奖项的候选人中选出，另外还从现有的各部长奖等表彰的获得者中选择。候选人所属行业需是日本标准产业分类中包含在"E制造业"及"C矿业"中的行业和"G信息通信业"中的"软件行业"。

候选人须是在下列领域做出特别卓越贡献的个人或团体：（1）支撑工业和社会的制造业：生产加工领域、产品技术开发领域、传统技术应用推广领域、跨部门共同合作；（2）支持文化的制造业；（3）支持创造的高级技能；（4）肩负制造业未来的先进技术技能。具体如下：

（1）制造生产加工领域：在制造、生产工序方面开发和引进了具有划时代意义的系统和方法，以及为实现生产提供服务、解决方案等方面，使生产效率等得到根本性革命，并创造了新的附加值的个人和团体。该领域设置内阁总理大臣奖、经济产业大臣奖、特别奖、优秀奖。

（2）产品及技术研发领域：开发和应用优秀产品、零件和材料，以及提供服务和解决方案等，并创造出新的附加价值的个人或团体。该领域设置内阁总理大臣奖、经济产业大臣奖、特别奖、优秀奖。

（3）传统技术的应用领域：传统技术工艺的应用，革新性、独创性的产品或零件和材料的开发应用，生产工艺等的开发应用，以及提供服务和解决方案等创造了新的附加价值的个人和团队。该领域设置内阁总理大臣奖、经济产业大臣奖、特别奖、优秀奖。

（4）跨行业领域共同合作：在数据、机械、技术和人员等合作领域，创造新附加价值和解决问题的个人或团队。该领域设置经济产业大臣奖、特别奖、优秀奖。

（5）肩负制造业未来的先进技术技能，人才培养支援领域：以培养对应第四次工业革命的数字人才为重点，表彰对培养未来制造业的人才方面成效显著企业、非营利组织（NPO）等。只要是对应数字化的人才培养，公司内的人才培养支援也能申请。但是，除了本公司内的人才培养之外，对于学生、社会人士、其他公司的人才等进行人才培养支援的企业、NPO等给予特别关注。该领域设置经济产业大臣奖、特别奖、优秀奖。

4. 评选条件及要求

（1）候选人是个人或集体，原则应是现职劳动者（在制造和生产第一线的核心和中坚人才，担负着传统文化关键"技术"的熟练人才，肩负着青年人培育的人才等，在制造业第一线活跃的各个年龄层劳动者），集体原则上在7名以内。

（2）候选人本人不得报名申请，而是由推荐候选人的人（推荐人）进行申请，推荐人申请时必须得到另外2名赞同者的赞同书。

企业经营者可申请推荐本公司职员，或者反之亦然。另外，具有法人资格的团体（地方自治团体、业界团体、经济团体、金融机构、企业等）也可以成为推荐者。在这种情况下，不需要得到两名赞同者。但是，企业不允许推荐该企业的代表（企业可以推荐该企业的个人或集体）。

（3）已经得到国家荣典（授勋、奖章）的人不可以成为表彰的对象。

（4）对同一人或集体原则上不进行多次表彰。对过去参加本奖的人（包括获奖者以外的人），与上次参加的时候相比，若有新的成果也可以再申请。

（5）对人才培养支援部门以外的部门，表彰只考虑1项成果，不进行多项成果的考虑。

（6）在表彰的时候，有监禁以上刑罚经历等不在表彰对象之内。表彰后如果被处以监禁刑以上的刑罚，将取消表彰，并将奖状等物品返还。

（7）表彰对象不限制个人或集团所属企业的国籍。但是，候选人必须是在日本国内制造业工作。

5. 评选方法

设置评审专家委员会，进行第一次和第二次审查。通过了第一次审查，被推荐第二次审查的人可能会请求另外提供附加资料。

(1)第一次审查

在全国9个地区(北海道、中部、近畿、四国、九州、冲绳等)设立选拔小组委员会,负责筛选区域内的候选人。在第一次审查中,除了按申请文件进行筛选外,还将根据需要进行访谈和实地调查。

(2)第二次审查

评审专家委员会将对第一次审查筛选出的候选人进行第二次筛选,并将选出内阁总理大臣奖、经济产业大臣奖、特别奖、优秀奖的获奖者。在第二次审查中,除了按申请文件进行筛选外,还将根据需要进行访谈和实地调查。

6. 评选标准

评选是为了选出"在制造生产流程部门、产品技术开发部门、传统技术的应用部门、跨部门共同合作、人才培养支持部门"五个部门的获奖者。在评审时要综合考虑以下因素(见表5-2):

表5-2 获奖者评选参考指标

评选项目	评选内容
解决问题	不仅是技术上的创新,还评估不局限在产品上的服务解决方案,以及通过解决人力资源短缺等问题创造新附加值的解决方案
创新型	从可行性、独创性、新市场发展潜力、克服技术难易度、消除瓶颈难度、性能、质量优势和可靠性、效率、生产率、合理性和提高效率等方面评估
效应	从对经营贡献(销售额和利润、降低成本)、市场份额、对新市场影响、转用于其他业务的潜力、普及的可行性、对现有系统影响等方面评估

(三)卓越技能劳动者(现代名工)

1. 设置时间及目的

1967年设立,通过表彰卓越的技能劳动者,建立尊重技能的社会氛围,提升技能劳动者技能水平和社会地位,让年轻人可以根据自己的兴趣爱好特长希望成为技能劳动者并具有职业自豪感,激发技能劳动者在本行业继续努力的职业热情。

2. 表彰周期及人数

现代名工每年评一次，1967—1996年每次评100人，1997年至今每次评150人。

3. 评选条件及要求

表彰对象必须满足下列所有条件：

（1）拥有卓越的技能，在该技能领域全国领先。

（2）现在从事受表彰技能的相关职业，也包括就该技能进行职业训练指导。

（3）通过教育培训接班人，改善技能、提高生产率，从而增进劳动者福利以及促进产业发展。

（4）在业绩和日常行为等方面可以成为其他技能者的楷模（推荐日以前不得被判处监禁以上刑罚）。

授予对象分金属加工、模具制造、机械维修、服装制作、木工、汽车钣金、金属镀膜、玻璃工艺品加工、金箔装裱等20余种职业（工种）。2004年以前推荐表彰对象须是35岁以上的劳动者，2005年取消了年龄的限制。

4. 表彰程序

（1）推荐候选人：由都道府县知事、全国规模的雇主团体及其联合会，或者一般社团法人或一般财团法人，及其他该奖项的获得者推荐，普通人员也可以推荐候选人，但不得推荐二代以内直系亲属。

（2）审查：推荐结束后，由技能者表彰审查委员进行审查。

（3）评定及表彰：由厚生劳动大臣选定被表彰者，在东京举行表彰仪式。

5. 奖励形式及内容

厚生劳动大臣亲自颁发奖状、卓越技能章（奖牌和徽章）以及10万日元（约5996元）奖金（1971年起）。

第六章

日本职业技能开发制度的特点

通过对日本职业技能开发制度的梳理发现，日本职业技能开发制度具有完善的法律法规体系、健全的技能开发体系、规范的技能评价制度、行业企业积极参与、健全的师资培养制度等特点。特别是在经济社会发展的每一阶段都制定了一系列的法律法规来规范职业技能开发工作，对提高劳动者素质、促进经济社会发展起到了重要的推动作用。

一、完善的职业技能开发立法

职业技能开发政策是社会政策的一部分，社会政策的制定与特定的经济社会背景密不可分，社会政策导向也是国家经济社会发展目标的具体体现，日本也不例外。"二战"后到明治时期，日本以政府主导的"追赶型近代化"政策为主，经济社会快速成长，与此相适应的是以企业为中心的集体主义学习方式。如今日本已经不再是追赶型目标，政策中心也随之转向调动个人创造力，增强劳动者整体的技术技能水准。同样，技能养成的重点也从战后复兴期的对失业者职业辅导转向对技能劳动者的养成训练及转岗训练。职业技能开发的主体也从以企业内训练（on-job training，OJT）为核心转向企业内训练、公共职业训练和劳动者自主开发并重。20世纪90年代以后，由于经济长期萧条，企业的经营环境的变化和雇佣惯例（终身雇佣制）的动摇，使得劳动者的自主训练更加盛行，劳动者开始普遍认识到了个人主导之下的职业生涯开发的重要性。

立法方面，在不同的经济社会发展阶段，日本政府制定了一系列的法律法规，针对劳动力市场面临的突出问题，加强劳动者职业能力开发和技能人才的培养，包括《工场事业场技能者养成令》《劳动基准法》《职业安定法》

《职业训练法》《雇佣保险法》《职业能力开发促进法》等。这些法律规定了职业能力开发的目的、内容和形式，能够监督和指导技能开发，并为学校、行业企业、劳动者参与职业技能开发提供依据。

每一部法律的制定均有明确的导向和要解决的问题，如日本现行的《职业能力开发促进法》在立法讨论时认为日本的经济社会发展环境已经发生了变化，为了应对技术革新、国际化带来的技能变化及经济的服务化、企业内部教育的不足等，立法必须注重三个方面：①在职业生涯的整个期间内阶段性、体系性地进行必要而适宜的能力开发。②重视企事业内职业训练，国家、都道府县对企事业主进行技术援助。③不局限于第二产业，有效利用教育训练的机会实现各个部门劳动者的能力开发。该法的立法目的是：采取全面系统的措施以丰富和顺利开展职业训练和职业能力鉴定，确保劳动者有机会接受在职培训或自愿进行职业能力鉴定，从而促进劳动者工作所需能力的开发和提高，确保劳动者稳定就业和地位改善，进而促进经济和社会全方位的发展。该法包含总则、职业技能开发基本计划、职业能力开发促进、职业训练机构、技能鉴定、职业能力开发协会、其他、处罚、附则等九章内容，明确了职业技能开发相关利益主体的责任和义务、职业技能开发的具体措施、职业技能评价的方式方法等。关于职业能力的开发提高，强调事业主的责任是该法的主要特征。

二、健全的职业技能开发体系

完整高效的职业技能开发体系应包括法律法规、培养机构、培养标准、培养模式、评价模式、选拔激励等，更为关键的是各个环节之间相互衔接、互相配合成为一个完整的闭环。如法律法规应明确职业技能开发各个环节的具体内容，及各相关主体的责任义务；不同的培养机构载体应采取与之相适应的培养模式；培养标准是重中之重，也是评价和选拔激励的基础等。日本职业技能开发体系从法规到政策、从培训载体到各主体权利义务、从培养标准到评价激励，体系设计非常完善。具体见图 6-1。

职业技能开发立法是整个职业技能开发工作的基础和保障，另外，根据不同时期经济社会发展状况和对人才培养的需求，制定五年一期的职业技能开发计划，明确各阶段的实施目标和基本事项、工作措施，保证技能开发工作的顺利推进。日本对劳动者的职业技能开发提高主要分为两类：一类是离职者，即失业人员；另一类是在职者。对于离职者的技能开发明确界定属于国家、都道府县的责任与义务；对于在职者的技能开发则强调雇主的初始责任与义务，但同时国家、都道府县须给予必要的支援。日本职业能力开发主要由政府、企业和劳动者三个主体承担，根据技能开发的实施机构，可以分为在公共职业培训机构开展的培训、在民间教育培训机构开展的基于求职者（不能领取雇佣保险的）支援制度的职业培训和雇主开展的职业培训等内容。另外，为鼓励劳动者参与培训、激励企业开展培训，日本政府还对进行职业技能开发的企业和劳动者以支援。其中，公共职业训练主要是针对离职者、在职者和毕业人员，实施的主体包括国家（高龄者、残障人士、求职者雇佣支援机构）、都道府县（职业能力开发学校）和民间教育培训机构。对事业主的支援包括人才开发支援助成金、职业提升辅助金、认证职业培训制度等。对劳动者的支援包括普通教育培训补贴、专业实践教育培训补贴、职业规划顾问政策等。

在政府组织的公共职业训练方面，对国家、都道府县政府、培训机构的责任都有明确的规定。如国家（厚生劳动省）在公共职业训练方面发挥的作用主要有四个方面：第一，财政支援，即给都道府县和机构提供补贴及补助金。第二，汇总地方职业技能开发实施计划。第三，制定国家职业培训实施计划（厚生劳动大臣公告）。第四，负责政府委托培训的执行管理，包括调整数量设定、预算执行状况等。都道府县劳动局的作用主要体现在以下方面：第一，从强化就业与培训的对接角度，将招聘与求职动向、培训参与情况及就业情况及时反映到培训领域，对雇主进行访问，把握其对职业培训的期望和需求，将信息反馈给都道府县；第二，在发生大规模倒闭的情况下，根据必要性，实施灵活性的委托培训。

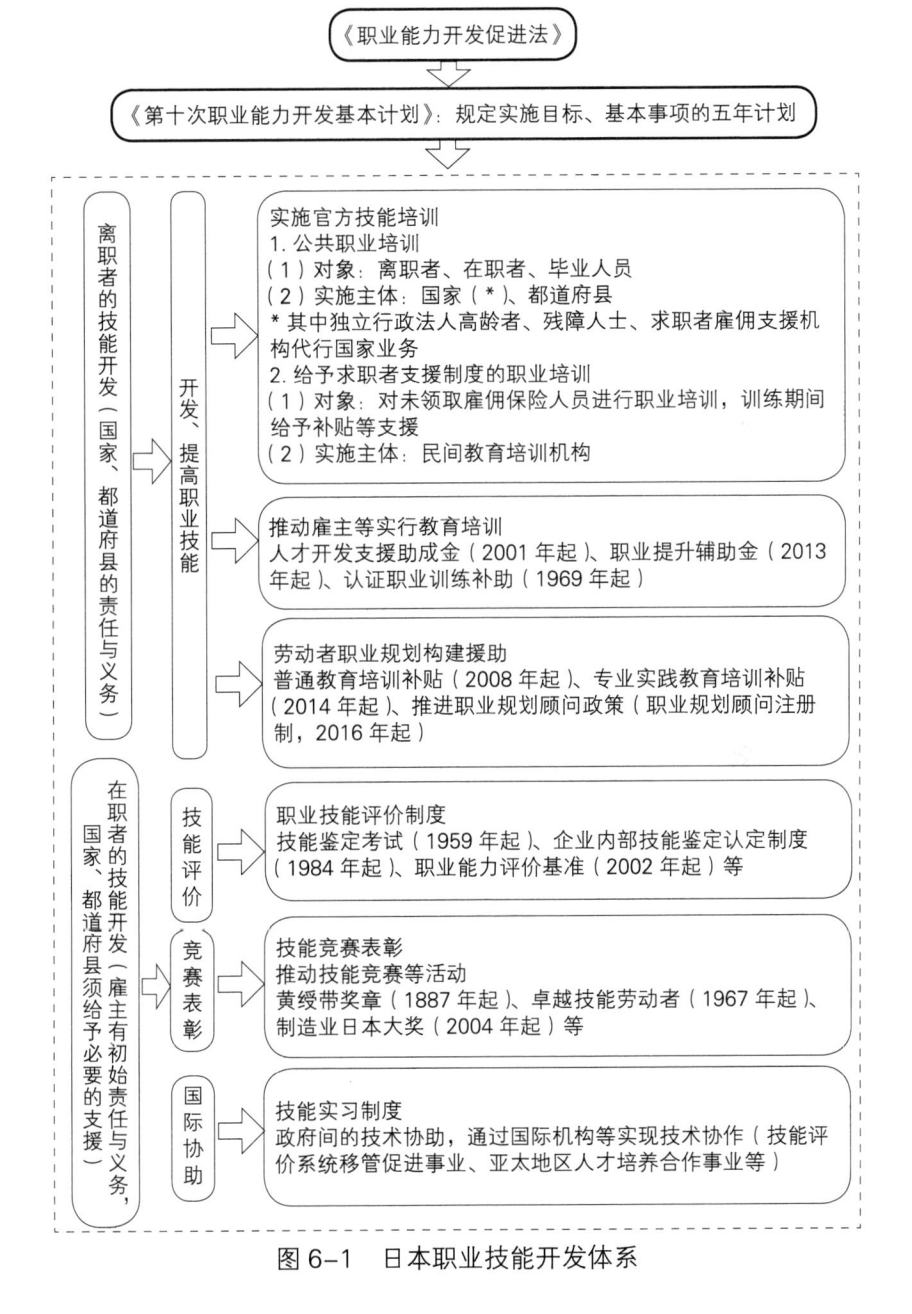

```
                    《职业能力开发促进法》
                            ↓
        《第十次职业能力开发基本计划》：规定实施目标、基本事项的五年计划
                            ↓
```

- 离职者的技能开发（国家、都道府县的责任与义务）
  - 开发、提高职业技能
    - 实施官方技能培训
      1. 公共职业培训
      （1）对象：离职者、在职者、毕业人员
      （2）实施主体：国家（*）、都道府县
      * 其中独立行政法人高龄者、残障人士、求职者雇佣支援机构代行国家业务
      2. 给求职者支援制度的职业培训
      （1）对象：对未领取雇佣保险人员进行职业培训，训练期间给予补贴等支援
      （2）实施主体：民间教育培训机构
    - 推动雇主等实行教育培训
      人才开发支援助成金（2001年起）、职业提升辅助金（2013年起）、认证职业训练补助（1969年起）
    - 劳动者职业规划构建援助
      普通教育培训补贴（2008年起）、专业实践教育培训补贴（2014年起）、推进职业规划顾问政策（职业规划顾问注册制，2016年起）

- 在职者的技能开发（国家、都道府县须给予必要的支援，雇主有初始责任与义务）
  - 技能评价
    - 职业技能评价制度
      技能鉴定考试（1959年起）、企业内部技能鉴定认定制度（1984年起）、职业能力评价基准（2002年起）等
  - 竞赛表彰
    - 技能竞赛表彰
      推动技能竞赛等活动
      黄绶带奖章（1887年起）、卓越技能劳动者（1967年起）、制造业日本大奖（2004年起）等
  - 国际协助
    - 技能实习制度
      政府间的技术协助，通过国际机构等实现技术协作（技能评价系统移管促进事业、亚太地区人才培养合作事业等）

图 6-1　日本职业技能开发体系

三、规范的职业技能评价制度

日本的职业能力评价制度包括职业技能鉴定（国家）、企业内部技能鉴定认定制度、职业能力评价基准三大部分。特别是企业内部技能鉴定认定制度极大地调动了企业在技能人才评价方面的积极性，使得企业可以根据自己的用人需求培养技能劳动者，充分发挥企业在技能人才培养评价方面的主体作用，避免技能人才评价与培养使用的脱节。

由国家组织的职业技能鉴定制度于1959年开始实施，是以《职业能力开发促进法》为基础，根据国家规定的标准，对劳动者进行专业知识与技能的考试和考核。技能鉴定的级别分为特级、1级、2级、3级、基础1级、基础2级和部分等级的"单一等级"。其中，特级、1级及单一等级技能鉴定合格者由厚生劳动大臣签名发证，2级及以下由都道府县行政长官签名发证，对合格人士授予"技能士"称号。职业技能鉴定的实施主体包括厚生劳动大臣、中央职业能力开发协会、都道府县知事、都道府县职业能力开发协会。厚生劳动大臣主要是负责成立专门调查委员会、确定鉴定科目范围及细目，制定技能鉴定实施计划，考试题目、操作要领的认定，试题合理性决定，考试指导监督，特级、1级及单一等级合格证书的制作等工作。中央职业能力开发协会负责考试题目、操作要领的制作，考试水准的调整，考试技术的指导等工作。都道府县知事主要负责考试收费标准确定、考试实施计划制定及公示，考试资格审查、免除的指导监督，技能鉴定合格的决定和发布，2级合格证书制作等工作。都道府县职业能力开发协会主要负责考试申请、资格筛查、免除资格审查、鉴定费用收取、考试实施、成绩判定、受检者名簿制作、协助制作2级证书等工作。

除政府组织的技能鉴定以外，为调动企业的积极性和鼓励对技能振兴做出贡献的企业，对于技术革新带来的尖端技能和在国家技能鉴定制度中未被包括的企业特需的技能，厚生劳动省通过一定的标准判断是否属于应该鼓励的制度，得到厚生劳动省认定的企业内考核鉴定制度，可以冠名"厚生劳动省认定"。由于职业技能鉴定制度主要是针对技能岗位的劳动者，无法涵盖所有职业工种。2002年，日本中央职业能力开发协会开始实施职业能力评价基准制度，为企业招聘、薪酬、晋升等提供依据，该制度是在参考英国NVQ制度及其他经验的基础上形成的。职业能力评价基准的特点主要体现在四个方面：一是覆盖范围广泛，既涵盖一般通用型职业，又包括建筑业、运输业、金融保险业、零售业等职业；二是企业行业协会充分参与评价基准制定，保证评价基准准确反映企业用人需求；三是评价基准详细可行，每一项职业能力评价基准都包括职业—职务—通用能力和专有能力—细分能力—工作标准，以及必备的知识等内容；四是职业能力评价基准即是能力建设的标准，同时也可以作为培训的标准，也可以是企业招聘、晋升的依据。

四、科学的职业技能开发统筹规划

职业技能开发是一项系统工程，涉及很多部门，如教育、人事、财政等，绝非某个部门或者某个行业企业能解决的问题，加强统筹规划，形成目标清晰、任务明确、管理有序、措施有力的格局才能真正促进技能人才的培养。技能开发必须对经济长期发展预期和劳动力市场变动趋势进行深入分析，特别是产业行业的职业变化、岗位变化及劳动力、人才需求分析等。

根据《职业能力开发促进法》的规定，日本每隔五年制定一期职业能力开发基本计划。职业能力开发计划由厚生劳动大臣制定，制定的依据是经济长期发展预期和劳动力市场变动趋势，同时考虑劳动力市场供需中多项因素的影响，如各行业/产业技能劳动者数量、职业分类、企业规模、劳动者年龄、劳动条件、劳动生产率变化等。职业能力开发基本计划应包括劳动力供需状况（如技能劳动者供需趋势）、职业能力开发实施的目标、职业能力开发的实施措施等内容。在《职业能力开发促进法》的保障下,职业技能开发计划成为一种制度化的、具有法律效力的完整规划,权威性很强。日本《第十次职业能力开发基本计划》定位是面向提高生产率的人才培养战略,实施时间为2016—2021年。确定职业技能开发的四个方向是:第一,面向提高生产率强化人才培养。强化信息技术的应用,促进劳动者的自主能力开发。第二,面向"加速实现全民参加型社会"推进满足女性、青年、中高龄者、残障人士等各类人群特点及需求的职业能力全面提升。第三,结合产业界的需求及地方特色推进人才培养。第四,为实现人力资源最佳配置,战略性完善劳动力市场基础制度。完善职业训练制度和职业能力评价制度、培养职业咨询师人才、完善工作卡片制度等。

五、注重对技能人才的选拔和表彰激励

良性的技能人才开发体系必须有对技能人才的选拔和激励制度设计,建立技能人才脱颖而出的机制,并赋予技能人才与其贡献相匹配的经济地位、社会地位甚至政治地位。职业技能竞赛和对技能劳动者的表彰是实现技能人才选拔激励的重要手段。

职业技能竞赛是技能人才选拔和脱颖而出的重要机制,日本职业技能竞赛覆盖范围广泛,不仅有针对年轻人的竞赛,还有针对已经具备较高级别职业资格的熟练技能人员。如技能大奖赛主要是针对通过特级、1级及单一级别技能鉴定的技能士开展的,目的是通过在大众面前展示熟练的技能,进一步提高技能士的技能水平,提高其地位,实现技能振兴。青年制造竞技大会则是初级水平的技能竞赛,主要针对技能鉴定3级左右,在职业能力开发机构、工业高等学校等机构中正在学习技能,没在企业就业的,年龄在20岁以下的年轻人。目的是增强青年学习技能的意识,赋予他们技能学习的目标,促进他们提高技能,使他们成为独当一面的技能劳动者。另外,为提高残疾人技能、促进残疾人就业,还设置了残疾人技能竞赛。

对技能劳动者表彰的目的是激励劳动者提高技能水平，提高技能劳动者的社会地位，营造尊重技能的社会氛围，让青年把成为技能劳动者作为人生的职业追求，并引以为豪。不同层级和不同力度的表彰，甚至表彰奖项的设置对技能人才的激励效果也不同，日本针对技能劳动者的表彰既有属于国家功勋荣誉系列的黄绶带奖章，也有部门主管的表彰，如厚生劳动省主管的"卓越技能劳动者（现代名工）"，经济产业省主管的"制造业日本大奖"。但"制造业日本大奖"设有内阁总理大臣奖、经济产业大臣奖、特别奖、优秀奖，其中内阁总理大臣奖由内阁总理颁奖。

日本对技能劳动者的表彰不仅注重候选人本身的技能水平，还特别注重其对技能的传承和在培养接班人方面做出的贡献。如卓越技能劳动者的评选条件不仅要求候选人拥有卓越的技能，在该技能领域全国领先，还要求其必须通过教育培训接班人，在改善技能、提高生产率，增进劳动者福利以及促进产业发展方面做出贡献。制造业日本大奖则专门有一个评选领域是针对人才培养支援领域，特别是肩负制造业未来的先进技术技能方面，主要是以培养对应第四次工业革命的数字人才为重点，表彰对培养未来制造业的人才方面成效显著的企业、非营利组织（NPO）等。

六、明确各方主体在技能开发方面的责任义务，强调企业的基础性和主体作用

企业在日本技能人才培养方面发挥了重要的、基础性作用，这一作用的发挥在很大程度上得益于日本通过制定《职业能力开发促进法》明确了企业在技能人才培养方面的责任、义务和应有的权利，并通过立法强调了政府有责任对实施技能开发的雇主予以支援。《职业能力开发促进法》第一章总则明确规定：雇主应当为其雇佣的劳动者提供必要的职业训练，提供最大程度的帮助确保雇员获得在岗职业训练或职业技能鉴定的机会，并提供必要的帮助使雇员能结合个人的职业生涯规划，自愿进行职业能力的

开发和提高。政府应竭力支持和促进由雇主或其他相关人员实施的职业培训和职业能力鉴定。在第二章职业能力开发政策中明确了雇主和政府实行职业能力开发促进的措施。雇主施行职业能力开发促进的措施包括三个方面：一是雇主应充分保障劳动者获得多方式职业培训的机会，如在实际工作中的在岗培训、公共职业能力开发设施提供的职业培训、由雇主之外的具有资质进行职业能力开发及提升的个人或机构提供的教育培训、认定职业培训等。二是雇主应提供必要的协助促进劳动者有机会和时间接受职业训练或职业能力鉴定。如提供带薪教育培训休假、长期教育培训休假、再就职准备休假及其他休假；或采取改变工作起始时间、缩短工作时间等措施。三是雇主需任命相应员工制定和推进职业能力开发计划。国家及都道府县政府职业能力开发促进措施包括两个方面：首先，国家及都道府县政府应对由雇主和劳动者实施的职业训练和职业能力鉴定进行必要的援助，包括提供相关信息及咨询服务、制定计划、派出职业训练指导员、接受并开展部分职业训练、给予奖励措施等。其次，政府应开展职业能力开发相关的调查，并进行相关的宣传和引导，包括就职业训练、职业能力鉴定及其他有关职业能力开发和提升方面进行调查和研究、收集整理信息，以供雇主、劳动者和其他人员使用；开展各项宣传和引导活动，创造良好的社会氛围，增强雇主及公众对职业技能的理解和关注。

为鼓励和推动企业开展职业培训，日本政府实施了人才开发支援助成金、职业寄生提升辅助金和认定职业训练补助。人才开发支援助成金主要针对正规社员，国家对进行职业培训的雇主进行补贴，包括训练经费和训练中的工资补助。职业提升辅助金主要针对非正规劳动者（有期契约劳动者、短时间劳动者、派遣劳动者），若雇主针对非正规劳动者采取措施使其正社员化、参与培训或改善待遇，国家则给予一定的补助金。认定职业训练补助是针对雇主内设学校或雇主联合共同进行职业培训的，若培训课程、培训科目、培训期限、培训设备等达到了国家规定的标准，都道府县进行认定，认定后给予部分培训经费补贴，包括运营费和设施设备费。

为鼓励和支持劳动者参加职业培训、提高技能水平，日本政府采取一系列的补贴政策，对劳动者职业能力的形成进行支援，包括对教育培训课程部分费用的补贴以及参加教育培训课程所带来的经济负担的援助等。其中，最为主要的是一般教育培训补贴和专业实践教育培训补贴。一般教育培训补贴对象是在职员工和离职1年以内的劳动者，需缴纳雇佣保险3年以上，而到厚生劳动大臣指定的一般教育培训机构接收培训的，可获得培训费用的20%的补贴，上限是10万日元/年。专业实践教育培训补贴的对象也是在职员工和离职1年以内的劳动者，但需缴纳雇佣保险10年以上，到厚生劳动大臣指定的专业实践教育培训机构接收培训的，可获得培训费用40%的补贴，上限是32万日元/年，培训后一年内取得职业资格或就业，再追加20%的补贴，上限是16万日元/年。

七、基于PDCA的公共职业培训，保证了培训课程和培训内容的质量

职业培训课程和内容质量及实效性是培训质量的保证，日本公共职业培训遵循PDCA的循环过程，最大限度地保证了培训课程和内容的质量。PDCA即是PLAN—DO—CHECK—ACT，是一个循环往复的过程。

PLAN是指根据培训需求设定培训课程。首先，根据劳动力市场招聘情况、雇佣统计、雇主或雇主团体的反馈信息、HELLO WORK提供的相关信息共同分析劳动力市场的人才需求；进而根据人才需求制定培训课程方案；随后，由各类专家，主要包括行政机构、劳工团体、教育培训机构、行业协会、专业人士等共同审查和认定。DO是指实施培训，主要是按照受训人员的学习状况进行指导，要活用教材，不能生搬硬套；并根据必要性对部分受训人员进行补习。CHECK是指评价培训的效果、发现问题，主要是在培训实施过程中对培训情况进行跟踪调查，并采用培训记录

簿的方式进行验证。ACT 是指对课程进行修改完善。根据培训中发现的问题、培训的效果，以及受训人员的接收情况等，修改需要追加和变更的课程。

八、完善的公共职业训练咨询说明，保证了培训训练的实效性和针对性

职业技能培训在劳动者人力资本形成过程中发挥着重要作用，是提高劳动者就业能力、改善工作条件和生活水平的重要途径和手段。但这种途径作用的发挥依赖于培训的针对性和有效性，即培训是劳动者就业需要的，通过培训能切实提高劳动者的技能水平，同时劳动者现有的能力水平也能满足其顺利完成培训的需要。否则，要么劳动者不是基于就业需求参加培训的、要么培训后没能切实提高技能水平、要么参加的培训根本学不会，这都极大地浪费公共培训的资源。日本的公共职业培训通过一系列的流程设计，特别是其中的职业训练咨询说明环节，有效地保证职业培训的针对性和实效性。日本离职者、在职者和毕业人员均可到公共职业能力开发机构申请培训课程。

（1）离职者。有就业意愿的离职者可到职业安定所（HELLO WORK）进行求职报名，并进行职业训练咨询，咨询内容包括公共职业训练以及求职人员支援培训的说明、接受职业训练的补助金说明、训练课程的说明等，可以参观培训设施也可听说明会；随后，职业安定所的专业人员根据离职者的个人情况和求职意愿判断其受训的必要性，主要判断依据两点，一是为寻找到合适的职位必须接受培训，二是具有接受职业培训所必需的能力；若认为有必要接受训练，则由离职者提出受训申请；提出受训申请后则要进行面试和适应性检查；通过面试和适应性检查后，才能参加受训介绍；最后是接受课程培训。

（2）在职者和毕业人员。这两类人员可直接向公共职业技能开发机构

报名参加培训课程，但也须经过受训申请——面试和适应性检查——受训介绍——课程培训四个阶段。

九、健全的职业训练指导员培养制度

师资是职业技能开发的基础，没有优秀的师资不可能培养出优秀的技能人才。日本《职业能力开发促进法》第二章职业能力开发促进对师资培养作了明确的规定，提出职业能力开发综合大学负责日本职业训练指导员的培养、短期培训等工作，职业训练指导员应持有都道府县政府颁发的执业许可证，执业许可证应根据厚生劳动省规定的职业种类分别授予。职业能力开发综合大学有四大功能，包括指导教员的培养、指导教员的培训、调查研究及开发工作、综合性课程。

指导教员的培养主要有长期培养课程、短期培养课程、职业转换课程和高级培养课程四类。长期培养课程和短期培养课程主要培养对象是都道府县培训机构、企业等录用的职业训练指导人员以及理工科大学毕业生，宗旨是赋予受训者作为指导教员所需要的先进技术、技能和指导技巧。职业转换课程是针对想要转换指导专业或拓宽指导专业的现任训练指导员。高级课程是为培养担任职业能力开发大学应用课程的高级职业训练指导教员而实施的训练。

指导教员的培训主要是以在职的职业训练指导员为对象实施的训练，主要目的是针对先进技术等开展的技术革新训练和以提升指导能力开展的指导教法和教材开发等的训练。同时，也开展针对私营教育训练机构的指导者，视需求情况开展指导技法的训练。调查研究开发工作主要是指开展一些与产业结构、技术变化相关的职业能力开发的调查研究、进行教材和训练课程的开发以及训练技法和评估方法的开发。综合课程主要是实施高级职业训练，目标是在可获得学士学位的高等院校，培养具有职业训练指导员（制造领域）所需学识的"工艺创新人才"。采用精英式教育，4年要学习 5600 课时，这是比普通大学相比近 2 倍的学习内容，而且其中 60% 为制造实技、实践练习和实验等。

十、行业协会在人才培养和评价方面发挥重要作用

行业协会参与日本技能人才开发的方方面面。在人才培养方面，行业协会作为重要的培训机构参与技能人才的培养。在技能鉴定方面，每个行业的委员会、工会、企业方代表等共同制作鉴定试题，经厚生劳动省大臣许可后，可作为国家技能鉴定考试试题，这样每次考试重新制定试题能避免考题陈旧、落后、与企业实际需求不符的问题；另外，在技能鉴定的技能考试阶段，行业协会的资深人员还可担任考官。在职业技能评价基准方面，各职业的工作内容和能力标准也是依赖于各个行业协会及企业方共同参与确定的。除以上之外，日本的技能鉴定也由之前的完全由国家机关负责转变为逐渐开放给民间团体，这些民间团体大多为行业协会，通过厚生劳动省的认定后，可以自行组织考试并进行评价。

第七章

我国职业技能开发的形势、问题及对策

我国经济已由高速增长阶段转型高质量发展阶段，正处在转变发展方式、优化经济结构、转换增长动力的攻关期，必须坚持质量第一、效益优先，以供给侧结构性改革为主线，提高全要素生产率，着力加快建设实体经济、科技创新、现代金融、人力资源协同发展的产业体系。推动我国经济结构优化升级，经济发展提质增效，迫切需要全面提高劳动者素质，适应经济发展需求，全面推进职业能力建设工作。党的十九大报告也提出建设知识型、技能型、创新型的劳动者大军，弘扬劳模精神和工匠精神，营造劳动光荣的社会风尚和精益求精的敬业风气。

一、新时代我国职业能力建设工作面临的形势

党的十九大明确我国已进入中国特色社会主义新时代，社会主要矛盾已经转化为人民日益增长的美好生活需要和不平衡不充分的发展之间的矛盾。社会主要矛盾的变化对方方面面工作均提出了许多新的要求，职业能力建设工作也需要着力解决好发展不平衡不充分的问题，大力提升职业培训的质量和效益，提供更加优质公平的技工教育，更加注重劳动者职业发展。

当前是我国经济社会实现重大转型发展的关键时期。其主要趋势表现为：一是经济增长方式加快向以内需驱动转变，加速城镇化步伐，持续淘汰落后产能，推动产业升级，扩大消费，培育以服务业和其他新兴产业为主的新经济增长点已成为不可回避的重大战略性任务。二是提高劳动者职业技能水平、提高就业质量、改善收入分配状况成为重大战略性任务。另外，从国际环境来看，世界多极化、经济全球化深入发展，科技进步日新

月异，整体社会形态向以 3D 打印和人工智能化为特征的第四次产业革命为引领的后工业化时代加速转化，人才竞争日趋激烈，劳动力资源规模和质量方面的竞争成为国家间发展竞争的主要领域，整体人力资本水平决定着国家发展前景、在国际产业分工中的角色以及政治经济舞台上的地位。

（一）党和国家高度重视职业教育和技能人才培养工作

习近平总书记高度重视、亲切关怀技能人才工作。习近平总书记做出重要指示，"作为一个制造业大国，我们的人才基础应该是技工"，"世界上任何一个工业强国都是技师技工的大国，我们要有很强的技术工人队伍"，要求"大力培育支撑中国制造、中国创造的高技能人才队伍"。2019 年 9 月，习近平总书记对我国选手在世界技能大赛取得佳绩也作出了重要指示，强调要健全技能人才培养、使用、评价、激励制度，大力发展技工教育，大规模开展职业技能培训，加快培养大批高素质劳动者和技术技能人才。李克强总理连续两年在政府工作报告中强调弘扬精益求精的工匠精神，2016 年 7 月对"世界青年技能日"做出重要批示，指出："青年是国家的宝贵财富，是推动经济社会发展的中坚力量。青年兴则民族兴，青年强则国家竞争力强。青年应成为实施创新驱动发展战略、推动大众创业万众创新的主力军。"2017 年 2 月，中央全面深化改革领导小组会议讨论通过了《新时期产业工人队伍建设改革方案》，把加强技能人才工作提升到新高度，赋予新的历史使命和时代内涵。

党的十九大报告提出：建设知识型、技能型、创新型的劳动者大军，弘扬劳模精神和工匠精神，营造劳动光荣的社会风尚和精益求精的敬业风气；大规模开展职业技能培训，注重解决结构性就业矛盾；破除妨碍劳动力、人才社会性流动的体制机制弊端，这些都给职业能力建设工作指明了方向。

（二）经济社会发展对技能人才需求增加

目前，我国经济发展进入新常态，经济增长正从高速增长转向中高速增长，经济工作的着力点是转方式和调结构。一方面，虽然我国经济增速有所放缓，但实际增量依然可观，经济发展对技能人才的需求强烈。与此同时，目前我国技能劳动者总量严重不足，占就业人员的20%，高技能人才数量仅占6%；从人力资源市场供求情况看，近年来，技能劳动者的求人倍率一直在1.5以上，高级技工的求人倍率甚至达到2以上。推动我国从经济大国向经济强国转变，从制造业大国向制造业强国转变，实现"中国制造"走向"中国创造"，都需要庞大的技能人才队伍作支撑，必须大规模培养技能劳动者特别是高技能人才。另一方面，经济结构优化升级，经济发展提质增效，迫切需要全面提高劳动者素质，与经济发展需求相适应。产业结构调整是推进经济结构战略性调整的主要着力点和加快转变经济发展方式的重点任务。2018年，我国第一、二、三产业增加值分别为64734亿元、366001亿元和469575亿元，占国内生产总值的比重分别为7.2%、40.7%和52.2%。[1] 以服务业为主体的第三产业已成为国民经济中占比最高的产业，作为第二产业重要支柱的制造业也正在从中低端向中高端迈进。同时，高技术产业和现代装备制造业增速加快，电子商务等新产业、新业态、新产品的纷纷涌现，对技能人才特别是高技能人才产生新的更大需求。经济发展方式从投资、要素驱动向创新驱动的转变，实际上是向人才驱动转变，必须把培养富有创造力的高素质劳动者和技能人才作为推进经济社会发展和产业转型升级的重要基础，为国家经济建设提供强大的技能人才支撑。

特别是党和国家站在宏观战略高度推出的"中国制造2025"为当前的产业升级和技术进步提出了明确的目标和方向，"创新驱动、质量为先、绿色发展、结构优化、人才为本"的基本方针将人才培养放到了突出的位置。由于技能人才在产业升级和技术进步中的基础性地位，技能人才队伍

---

[1] 国家统计局，2018年国民经济和社会发展统计公报，http://www.stats.gov.cn/tjsj/zxfb/201902/t20190228_1651265.html，2019年7月3日。

的扩展和结构优化也是国家中长期人才开发战略的重要组成部分。因此，我们必须认识到，我国经济发展既给职业能力建设工作带来新的发展机遇，也提出了更高的要求，必须进一步拓展教育培训领域，扩大人才培养规模，优化人才培养结构，创新教育培训模式，不断提升人力资本质量，为经济社会发展输送大量合格的优秀技能人才。

（三）就业总量压力和结构性矛盾长期存在，对职业技能开发提出要求

在产业结构调整升级的大背景下，当前和今后一段时期，我国就业形势依然严峻，就业总量压力不减。我国是世界第一人口大国，2018年末139538万，其中16—59岁劳动年龄人口为89729万，就业人口77586万。[1]同时，就业结构性矛盾越来越突出。2015年以来，岗位空缺与求职人数的比率呈现波动上升趋势，技能劳动者的求人倍率一直在1.5以上，高级技工的求人倍率甚至达到2以上。[2]一方面，大量过剩产能将面临淘汰，某些传统行业的就业规模将有所缩小，在这些行业产业就业的劳动者将大量重回劳动力市场，寻求在其他行业和产业就业的机会。另一方面，一些传统产业的转型和调整，也迫切要求对从业人员进行新技术、新技能、新工艺的培训，不断提高他们适应现有岗位和适应新职业的工作能力，从而为产业结构调整和转型升级创造条件。

结构性矛盾主要体现在招工难、技工短缺、高校毕业生供求不匹配等方面。一是企业普遍反映技工数量不足，技能水平不够，技能劳动者特别是高技能人才面临着巨大缺口，需要大力加强技能劳动者供给数量。二是科技进步日新月异，互联网人工智能蓬勃发展，机器换人速度加快，低技能就业将

---

[1] 国家统计局，2018年国民经济和社会发展统计公报，http://www.stats.gov.cn/tjsj/zxfb/201902/t20190228-1651265.html，2019年7月3日。
[2] 人力资源和社会保障部，2018年第四季度部分城市公共就业服务机构市场供求状况分析，http://www.mohrss.gov.cn/SYrlzyhshbzb/zwgk/szrs/sjfx/201902/t20190201-310090.html，2019年7月3日。

快速减少，这需要高度重视技能劳动者供给质量，优化结构。三是重点群体就业任务艰巨，高校毕业生、新生代农民工、去产能分流人员、大龄就业困难人员等群体需要职业培训工作量和质同步提升。这迫切要求把建立就业市场需求导向，服务就业创业群体作为发展职业技能开发工作的出发点和落脚点，提高培训的针对性和有效性，以缓解就业结构性矛盾的压力。

（四）新技术的发展对职业技能开发工作提出了挑战

新技术，特别是信息化、人工智能的发展，对职业技能培训工作提出了很严峻的挑战，职业技能开发的理念、方向、目标、内容和方法等都要改革创新。

一是培训教学内容需调整。新技术的运用使得岗位结构发生变化。技术发明、创意设计、产品研发、咨询管理等智力劳动增多，机器操控、数码编程等技术技能岗位增加，工程师、文创人员、管理咨询师、程序员、技术工人等已经或即将成为热门职业。与此相反，流程性、重复性、易被数字信息编码所替代的简单劳动岗位将快速流失，一线操作工、人工接线员、银行柜员、行政助手等职业需求将减少甚至消失，厨师、园艺师等非程序化岗位也可能被有限替代。这意味着劳动力市场中智力密集型、技能密集型岗位将进一步增多，这就需要我们调整技能人才培养的中心，根据需求不断地完善培训教材，调整培训教学内容。

二是培训教学资源需要重新组织。在传统技能人才培养教学中，课堂、实训室、工作岗位三者在时间、空间上相互独立，因此，对教学资源进行配置时，也倾向于相互独立。在"互联网+"时代，集课堂、实训室以及工作岗位三者于一体，其涉及的软硬件，各个教学环节的辅助资源，都需要重新安排组织，以便更好地服务于各种技能教学环节。

二、我国职业技能开发存在的问题

近年来，虽然我国职业技能开发事业已取得了显著成效，初步建立了职业能力建设政策体系、启动国家高技能人才振兴计划、组织开展多项职业培训活动、推动技工院校改革创新、完善激励表彰和竞赛机制等，但截至2017年底，我国高技能人才只有4791万人，仅占全部就业人员的6%左右，未来产业升级、技术革命和产业变革对劳动力素质要求不断提高，高技术技能人才不足的问题将进一步凸显。《制造业人才发展规划指南》显示，到2025年，《中国制造2025》涉及的十大领域各类人才缺口达到2986万人。[①] 职业技能开发无论在体制、规模还是质量上都存在着与社会经济发展、产业结构调整和劳动者就业需要不相适应的方面。如政策法规还不健全，技能人才培养供需脱节的问题依然存在，职业培训层次和质量普遍不高，技工教育投入不足、基础设施不完善，各类教育培训资源的整合、协调机制不完善，职业资格评价体系仍需健全等，与发达国家差距较大。

（一）法律法规缺失，职业技能开发缺乏立法保障

从发达国家的经验看，为满足产业发展对技能人才的需求，配合终身教育培训体系的构建，一般都制定有专门的职业技能开发法。而我国技能人才培养工作主要是依靠《中华人民共和国劳动法》《中华人民共和国职业教育法》和《中华人民共和国就业促进法》，至今仍缺乏一部专门针对职业技能开发事业的专门法律，成为制约职业技能开发工作改革发展的主要障碍之一。虽然这三部法律对政府、企业和公民在职业培训等方面的权利、义务和责任做出了相应规定，但对许多问题，如经费筹集和使用、职业培训体系的构成及服务对象、职业培训与就业的衔接、政府支持企业培训的义务和责任、技能鉴定和技能竞赛工作等都缺乏详细、具体的说明，这一现状在一定程度上影响了职业技能开发工作的有序规范开展。

（二）培养体系不健全，不适应劳动者终身职业培训的需要

目前，我国技能人才培养的主要载体有技工院校等职业院校、就业训

[①] 教育部、人力资源和社会保障部、工业和信息化部（教职成〔2016〕9号）.《制造业人才发展规划指南》，2016年。

练中心、民办职业培训机构、中外合作办职业培训机构以及企业培训机构等。技工院校等职业院校主要培养对象是在校生，受管理体制的制约及激励制度缺失等，面向社会开展各类职业技能培训服务的功能发挥不足，资源优势没有充分发挥，难以覆盖广大的劳动者群体。社会培训机构的质量则是参差不齐，且普遍是场地、设备等硬件较完善，课程、师资等软件不足。培训内容和专业设置滞后等培训能力的不足也影响了劳动者参加培训的积极性。最主要的是企业技能人才培养的主体作用并未发挥，除了有实力的大型企业、行业龙头企业注重技能人才培养之外，大量中小企业由于资金不足、员工流动性较大等，对开展内部员工培训，特别是一线工人职业技能培训缺乏积极性，内部培训制度也不健全，优先考虑的是在外部"挖人"或政府免费培训满足人才需求。由于行业竞争、行业协会整合力不强等，具备条件的大型企业，也较少面向社会开展职业技能培训服务。

另外，公共职业培训的均等化水平有待提高。2014—2017年，我国"春潮行动"共开展农民工培训6516万人次[1]，虽然成绩突出，但仅占全国农民工总数的22.7%左右（按人社部公布2017年截止数[2]）。在抽样的劳动者中，有55.36%的劳动者在首次参加工作前未接受过任何职业培训。其中，城镇户口的抽样劳动者中，首次参加工作前未接受过任何职业培训的占比为52.21%，城镇户口的抽样劳动者中，相应情况的占比为62.30%[3]。职业技能开发的短期目标是解决就业，较少关注劳动者终身职业生涯的能力开发和培养，技能人才培养体系不适应劳动者终身职业培训的需要。

---

[1] 人社部有关负责人就《国务院关于推行终身职业技能培训制度的意见》答记者问，人力资源和社会保障部官网，http://www.mohrss.gov.cn。

[2] 人社部官网。

[3] 徐艳：《职业培训对改善就业质量的作用研究》，中国言实出版社2017年版，第42页。

（三）资金投入不足，与建设人力资源强国的目标不适应

当前，职业技能开发领域的资金投入主要包括四部分：公办技工院校的财政资金；重点建设项目资金，如高技能人才培训基地建设项目、技能大师工作室建设项目等；就业补助资金中职业培训补贴资金；企业计提职工教育经费等。这四类资金中，与教育部门所属的职业院校相比，技工院校获得的财政资金非常少，部分技工院校无法享受到同层次职业院校生均经费、教育费附加等资金支持。重点项目建设资金并非普惠性的，多数企业、院校和培训机构是无法享受的。职业培训补贴资金的投入也偏低，近年来培训资金虽然不断增长，但占就业专项资金的比重并未增加，培训补贴标准不高。而企业计提职工教育经费为非强制性计提，部分企业并未计提或足额计提，且计提之后并未真正用于一线员工培训。因此，整体在职业技能开发领域，与需求相比资金投入严重不足，且资金统筹集约使用不够，激励社会投入的政策也不完善，使得劳动者培训需求难以满足，培训规模和质量难以较大提升。

（四）体制机制不完善，制约职业技能开发工作的开展

虽然"十二五"以来，国家出台了《国家中长期人才发展规划纲要（2010—2020年）》《国家中长期教育改革和发展规划纲要（2010—2020年）》《高技能人才队伍建设中长期规划（2010—2020年）》《关于推行终身技能培训制度的意见》（国发〔2018〕11号文件）等，但由于体制上的条块分割等，使得职业技能开发资源不能有效整合，难以形成目标清晰、任务明确、管理有序、措施有力的格局。如部分技工院校在招生、生均拨款、教师和毕业生待遇方面与其他职业院校相比仍面临不公平待遇，无法享受到同层次职业院校生均经费、教育费附加等资金支持。公共职业培训项目的管理、资金的使用也处于分割状态。仅就农民工培训来说，从中央到地方主要有扶贫培训、阳光工程、温暖工程、品牌培训、职业技能培训五大培训项目，工作和资金分散到扶贫、农业、教育、工会、人社等8个

部门，培训内容的设置也大体相同。

（五）职业培训的针对性、有效性有待提高

"供给主导"的职业培训体系使得培训内容与就业市场需求的结合不够紧密，与企业生产和产业发展的实际需求还存在差距。目前，政府补贴性培训多为初级技能培训，培训内容与企业和社会需求相脱节，培训模式比较单一，培训专业与劳动者多样性、多层次的需求还有差距。培训内容单一，培训层次低，培训针对性不强，培训效果不是很明显，不仅满足不了企业的用工需求，对劳动者本身也缺乏吸引力。政府组织的职业培训缺乏对参培人员培训意愿和接受培训能力的考察，使得很多学员进入培训班后，发现培训课程的内容并不是自己想学的东西，或者要学的东西根本学不会。参加培训的内容与现在的工作无关，这在一定程度上反映了补贴培训的针对性不强。这在很大程度上浪费了培训资源，花出去的补贴资金并没有完全为培养未来产业工人、技能人才服务。

（六）技能人才评价体系急需完善

在职业资格改革的大背景下，大批职业资格取消，职业资格证书的数量和范围都在锐减。虽然职业资格许可认定事项的清理精简，使职业资格鉴定发证工作进一步规范化、有序化，提高了国家职业资格证书的权威性。但由于职业技能等级制度尚未完全建立，企业技能人才自主评价仍在探索阶段，因此造成大量职业技能没有相应的统一的国家层面的职业资格证书，一定程度上影响了职业培训的社会需求，也使很多社会机构举办的职业培训失去方向，无法确定课程标准和评价标准。因此，技能人才评价体系急需完善。另外，随着新职业的不断产生，许多新职业没有开发相应的国家职业标准，而现行的部分国家职业标准也存在无法适应经济和产业发展需要，与企业的现实需求也不尽一致的现象。职业培训和考核鉴定存在重理论知识、轻技能操作的现象，使劳动者培训后并不能适应岗位需求。学历教育和职业培训的分割犹存，各类教育培训成果无法互认，尚

未建立统一的国家资质框架以适应劳动者终身职业技能培训体系建设的需求。

（七）社会重视不够，技能劳动者社会地位不高

对职业技能开发认识的不足主要体现在三个层面：社会、企业和劳动者。第一，社会层面，"重学历，轻技能"的传统观念导致社会对技能劳动的轻视态度依然没有根本改变，技能劳动者的社会地位和待遇普遍不高。第二，企业层面，有相当一部分企业特别是中小企业对职工培训工作重视不足，实用主义加顾虑重重使得很多企业宁愿挖人也不愿自己培训，企业的主体作用还没有充分发挥出来，现有政策对企业参与职业培训的要求没有强制性约束力。第三，部分劳动者，特别是外来务工人员没有明确的职业发展规划，对参与培训的积极性不高。

三、完善我国职业技能开发的对策

（一）健全相关法规，明确政府、企业、行业和劳动者在技能人才培养方面的权利、义务和责任

相对一般性的文件和政策，法律、法规具有更高的权威性和强制性。推进职业能力建设工作的法治化、构建完善的法律体系是保证人才培养体系高效良性运转的首要因素。从我国的实际情况看，虽然在《中华人民共和国职业教育法》《中华人民共和国就业促进法》和《中华人民共和国劳动法》中都对职业能力建设做出过相关规定，但迄今没有一部单独法律，对职业能力开发的相关主体的权利、义务及行为准则做出更具体、充分和科学的界定。如经费筹集和使用，培养体系的构成及服务对象，社会各方的权利、义务和责任等还须以立法的形式做出具体规定。

日本《职业能力开发促进法》明确规定了雇主和政府的职责。雇主应当为其雇佣的劳动者提供必要的职业训练，提供最大程度的帮助确保雇员获得在岗职业训练或职业技能鉴定的机会。政府应竭力支持和促进由雇主

或其他相关人员实施的职业培训和职业能力鉴定，确保劳动者有机会自愿接受在职培训或职业能力鉴定，并为期望更换工作的劳动者及为提高职业能力需要特殊指导的劳动者提供职业训练。该法律对提高劳动者素质、促进经济社会发展起到了重要的推动作用。

因此，从长远来看，应学习国外经验，出台专门的"职业培训法"或"职业技能开发法"，对上述有关问题做出明确规定。加快建立健全覆盖城乡全体劳动者，贯穿劳动者从学习到工作的各个阶段，适应劳动者多样化、差异化需求的职业技能开发体系，同时，也可以研究制定"职业资格设置管理条例""职业技能鉴定规定"等。从中近期来看，应进一步完善《中华人民共和国劳动法》《中华人民共和国就业促进法》和《中华人民共和国职业教育法》，对相关企业、员工、学校及其他社会组织和机构开展和参与职业能力开发的责任和义务、激励和约束措施做出更具体的规定。近期，已有部分省市在此方面有所突破，如河南省出台了《河南省职业培训条例》、宁波市制定了《宁波市职业技能培训条例》。

（二）强化"终身培训"的理念，构建以公共培训为基础、企业培训为重点、劳动者自主参与的多元化终身职业培训体系

1. 健全公共职业培训管理政策，提高职业培训的质量

第一，进一步完善相关政策，通过政策激励、资金支持、不同地区对口支援、创新培训模式等方式促进公共培训资源的均等化，促进弱势地区和群体享受到更多的公共培训服务。

第二，加强统筹协调，制定统一、规范、科学的管理办法，提高公共职业培训资源的集约化管理和使用，提高培训资源的使用效率。当前，公共职业培训项目多头管理、多头运作、资金分散、质量不高的问题长期得不到有效解决，成为掣肘培训资源使用效率和培训质量提升的重要因素。为有效解决这一问题，应在国务院的层面建立由政府机构（人社、教育、民政、农业、扶贫办等）、社会团体（共青团、妇联、工会、行业协会）

参与公共职业培训联席会议制度，并在前述的国家职业培训指导协调机构的协助下，统一整合培训计划和资金，合理有序地安排培训项目。同时，应制定公共职业培训实施条例，对培训项目选择、过程监控和质量评价做出统一规定，实现从市场的实际需求出发确定培训项目、内容和方式，加强项目实施过程监督和成果评价。

第三，借鉴日本 PDCA 模式，提升培训质量。根据培训需求设定培训课程，由各类专家，主要包括行政机构、劳工团体、教育培训机构、行业协会、专业人士等共同审查和认定课程设置。按照受训人员的学习状况进行指导，在培训实施过程中对培训情况进行跟踪调查。根据培训中发现的问题、培训的效果，以及受训人员的接收情况等，修改需要追加和变更的课程。

第四，加强职业培训的前期指导，提高培训的针对性和有效性。政府的职业培训机构，一方面，要帮助劳动者明确自己的职业定位，在劳动者不明白的情况下，给予必要的引导，使他们清楚自己将要从事的是哪方面工作，有没有能力和兴趣把这项职业作为一项长期的工作来从事。另一方面，要制作培训项目宣传册，介绍各培训项目的内容、培训时间、课程安排、培训后可掌握的技能、培训后就业方向、未来职业发展等内容。帮助劳动者选择合适的职业培训机构、感兴趣的培训项目进行学习，只有这样，劳动者才可能发自内心地来接受职业技能培训，培训才能真正有效。

2. 大力支持以企业培训为重点的职后培训

企业培训是全社会人力资源开发体系（教育体系）的重要组成部分，在提升劳动者职业技能、改善就业质量方面发挥着关键作用，注重职后培训，特别是推动企业培训，是构建劳动者终身职业培训体系的关键环节。因此，必须从税收、补贴、社保等多方面完善政策措施，鼓励企业开展职业培训。可借鉴日本实施的人才开发支援助成金、职业提升辅助金制度。其中，人才开发支援助成金主要针对正规员工，国家对进行职业培训的雇主进行补贴，包括训练经费和训练中的工资补助，2016年预算为209亿日元。职业提升辅助金是主要针对非正规劳动者（有期契约劳动者、短时间劳动者、派遣劳动者），若雇主针对非正规劳动者采取措施使其正社员化、参与培训或改善待遇，国家则给予一定的补助金。对于中小企业来说，可以成立由政府、大企业、学校、行业协会、工会等组成的职业培训集团，或设立中小企业培训服务联盟，为中小企业开展职业培训提供支持。

3. 鼓励劳动者积极主动参与职业能力开发

近年来，随着社会的发展，劳动力市场的流动性逐渐增加，特别是新经济、新业态的发展，使得劳动者逐渐从寻找"工作单位"转向寻找"工作岗位"，劳动力流动和职业转换的需求增加。因此，鼓励劳动者基于个人职业生涯发展需求，积极主动参加职业培训、提高技能水平则至关重要。从全社会人力资源开发的角度考虑，政府也有必要对劳动者职业能力的形成进行支援，包括对教育培训课程部分费用的补贴以及参加教育培训课程所带来的经济负担的援助等。因此，除现在正在实施的职业培训补贴政策之外，还可以借鉴日本的一般教育培训补贴和专业实践教育培训补贴等。

（三）健全资金投入机制，完善成本分担机制

1. 加大技能人才培养的资金投入，健全资金投入机制

增加财政投入，加大对技能人才培养的资金支持力度，如高技能人才实训基地建设、技能大师工作室建设等。逐步扩大就业补助资金中培训补贴资金所占比重，建立健全与经济社会发展、人力资源市场需求相适应的职业培训补贴标准正常增长机制。督促企业落实职工教育经费政策，按企业职工工资总额的1.5%—2.5%足额提取职工教育经费，其中用于一线职工教育培训的比例不低于60%。有条件的地方可以开展企业职工教育经费统筹管理试点工作，对不按规定提取和使用教育培训经费并拒不改正的企业或自身没有能力开展职工培训的企业，地方人民政府可依法对其职工教育经费实行统筹，人力资源和社会保障部门会同有关部

门统一组织培训服务。

2. 强化培训资金的监督管理

一是强化对于经费计提和使用情况的监督。一方面，对企业职工应强化企业内部的监督制约机制，对教育经费的计提和使用情况，以厂务公开的方式接受企业职工监督；另一方面还应强化人力资源和社会保障部门对其的监督检查职能，并制定相应的处罚措施，如取消培训补贴、实行财务处罚等。对于不按规定计提职工教育经费、开展培训的企业，酌情征收有关税费，由政府代为组织或委托有关培训机构进行集中培训。二是加大对政府培训补贴使用情况的监督。建立"职业培训补贴管理信息系统"，使人社部门可以实时查询补贴的使用情况，包括使用方向、使用对象、使用进度和使用效果等。

（四）充分发挥行业企业在人才培养和评价方面的重要作用

日本在人才培养和评价方面坚持以市场需求为导向，充分发挥了行业、企业的主导作用，这一点非常值得我国借鉴。比如，在人才培养方面，行业协会、企业应作为重要的培训机构参与技能人才的培养。在技能鉴定方面，每个行业的委员会、工会、企业方代表应充分参与职业标准的制定、教材和课程的开发，避免标准和教材陈旧、落后、与企业实际需求不符的问题。另外，在技能鉴定的技能考试阶段，行业协会的资深人员还可担任考官。加快研究制定出台"行业协会学会有序承接水平评价类职业资格具体认定工作实施办法"，推进水平评价类职业资格具体认定工作逐步由行业协会等组织承担。在技能人才评价方面，行业协会及企业应共同参与确定各职业的工作内容和能力标准的确定。

（五）加强师资能力建设，培养双师型教师

建设分层分类的教师专业标准体系，推进以双师素质为导向的新教师准入制度改革，构建以职业技术师范院校为主体、产教融合的多元培养培训格局，完善"固定岗+流动岗"的教师资源配置新机制，建设"国家工匠之师"引领的高层次人才队伍，创建高水平结构化教师教学创新团队，聚焦1+X证书制度开展教师全员培训，建立校企人员双向交流协作共同体，深化突出"双师型"导向的教师考核评价改革，落实权益保障和激励机制提升社会地位。制定和实施更加切实可行的师资培育规划和行业企业兼职教师参与培训与管理的政策，加快高水平的专兼职结合的专业带头人和技能型教师培养。一是加大对现有师资的培训，如派遣优秀的师资进入一流的企业脱产学习或挂职锻炼，提高目前师资的技能水平。二是逐步开展人才库的建设，依托社会上具有高级工以上，有丰富教学、工作经验的人员，建立人才库。三是借鉴日本经验，成立专门的培养和培训双师型教师的机构或依托现有机构成立师资研修中心，根据职业种类分别授予理论教师和实操教师证书。

（六）健全技能人才评价制度

一是由人力资源和社会保障部牵头，完善职业标准体系。对于已有职业标准的职业，应逐步进行修改完善，与企业和市场需求对接。对于尚未有职业标准的职业，应尽快制定职业标准，为人才培养评价提供参考和依据。

二是推动职业技能等级认定工作。对于具有良好的技能人才培养和评价工作基础的中央企业或国有企业，经各级人社部门备案后，可对本企业职工开展技能人才培养和评价工作。对于一直从事技能人才培养和评价工作的优质技工院校，经各级人社部门备案后，可对本校生或社会人员开展技能人才培养和评价工作。对于经各级人社部门备案后的第三方评价机构，则可面向中小企业职工、社会人员开展技能等级评价。

三是建立国家资历框架，实现不同类别教育及培训体系内部学分的转换、学习成果的互认、不同学历及技能等级证书的互通，助力劳动者终身职业培训体系建设。资历框架的建立要由教育部门和人社部门牵头，吸纳行业企业、院校等共同参与，为技能人才搭建纵向贯通和横向互通的职业发展通道。

（七）优化技能人才培养管理服务体系

1. 建立健全技能人才培养公共服务平台

政府首先应发挥自身在职业能力开发服务中主导者优势，建立有效的信息收集、发布、传递、反馈机制，搭建信息发布平台。及时发布相关职业培训和技能人才培养政策、企业技能人才需求和培训机构基本情况信息等。依托人力资源市场信息系统，健全技能人才需求动态监测分析体系，定期发布技能人才市场供求信息，引导院校和培训机构有针对性地开展培训，促进技能人才合理流动和技能人才资源优化配置。定期发布技能人才工资指导价位，指导企业合理确定技能劳动者的工资水平，指导企业建立技能人才工资激励分配制度。将培训机构培训信息（涉及培训项目、培训课程、培训效果、培训价格、培训时间、培训师资、培训机构信誉等信息）及时汇总公布给培训需求者/企业，以便为劳动者、培训机构和用人单位各方提供必要的信息服务和指导。

同时，也要建立职业培训实名制管理系统，逐步实现对职业培训数据统计、信息跟踪、过程监督、效果评价、资金拨付等功能，提高职业培训基础信息的准确性，提升职业培训科学化服务水平。

2. 健全职业培训监督评价体系

高质量的培训离不开高水平的培训监督评价体系。职业培训监督评价体系是指检验职业培训有效性的系统的理论、工具、方法和制度的集合。从我国的情况看，健全公共职业培训监督评价体系的重点是健全定点培训机构的评审选择制度、培训项目的招标制度、培训过程监控机制和培训成果验收机制。核心是建立量化的考核指标体系和相应的定量分析方法。对指标内涵，赋值方式、评价指标数据的采集与获取、评价指标的汇总和综合测算建立完整方法。同时明确各相关机构和部门的责任分工。

在培训监督评价指标体系设计中，一是充分考虑并针对目前影响公共职业培训工作效率和质量的关键环节和关键因素；二是评价体系的设计还要兼顾未来发展，着眼于我国产业及经济社会发展趋势，使评价体系具有"前瞻性"；三是评价体系的设计还应具有"动态性"，即从指标体系的结构到体系的内容都应是"动态"的，即伴随培训组织管理体系、内容和方式的变动，指标体系的结构和内容不断有所变化和改进；四是评价体系涉及的分析方法和工作机制、流程和相关各主体的工作责任必须既具有科学性、规范性，又具有可操作性和工作便利性，能够真正发挥提高工作效率、改进培训质量和效果的作用。

（八）培育崇尚技能的社会氛围

充分利用报刊、广播、电视、门户网站、政务微博、政务微信、手机客户端等平台和载体，坚持新闻宣传与社会宣传、对外宣传与对内宣传、政务公开与政策解读、典型宣传与成果宣传有机结合，定期开展内容丰富、形式灵活多样的宣传活动，不断强化"个人崇尚技能、企业重用技能、社会尊重技能"的社会导向；提高技能人才评选表彰的层次，设立国家技能人才评选表彰项目，定期选拔、表彰、树立一批表现突出的技能人才典型，不断提升优秀人才的社会地位；定期评选表彰一批培育、使用技能人才成效突出的基地和企业，不断强化企业弘扬工匠精神、积极培育技能人才、使用技能人才的主体意识。举办各级各类技能大赛，积极鼓励参加各级技能大赛。以赛促学、以评促建，营造"崇尚一技之长，不唯学历凭能力"的社会氛围，不断提高技能人才培养的社会影响力和吸引力。

附件1

《日本职业能力开发促进法》

1969年7月18日第64号法案

目　录

第一章　总则（第一条—第四条）

第二章　职业能力开发计划（第五条—第七条）

第三章　职业能力开发促进

第一节　雇主施行职业能力开发促进措施（第八条—第十四条）

第二节　国家及地方政府职业能力开发促进措施（第十五条—第十五条第五款）

第三节　国家及地方政府关于职业训练的实施（第十五条第六款—第二十三条）

第四节　对雇主提供的职业训练的认定（第二十四条—第二十六条第二款）

第五节　对实践工作中的职业训练计划的认定（第二十六条第三款—第二十六条第七款）

第六节　职业能力开发综合大学（第二十七条第一款）

第七节　职业训练指导人员（第二十七条第二款—第三十条第二款）

第四章　职业训练机构（第三十一条—第四十三条）

第五章　技能鉴定（第四十四条—第五十一条）

第六章　职业能力开发协会

第一节　中央职业能力开发协会（第五十二条—第七十八条）

第二节　地方职业能力开发协会（第七十九条—第九十条）

第七章　其他（第九十一条—第九十九条第一项）

第八章　处罚（第九十九条第二项—第一百零八条）

附　则

第一章　总则

目的

第一条

本法结合《就业对策法》（1966 年 132 号法案），通过采取全面系统的措施以丰富和顺利开展职业训练和职业能力鉴定，确保劳动者有机会接受在职培训或自愿进行职业能力鉴定，从而促进劳动者工作所需能力的开发和提高，确保劳动者稳定就业和地位改善，进而促进经济和社会全方位的发展。

定义

第二条

（1）本法中"劳动者"，是指受雇于雇主的人（不包括《船员就业安全法》（1948 年第 130 号法案）第六条第一款中规定的船员，以下简称为"雇员"（第九十五条第二款）和求职者（不包括期望成为如上述法案中规定的船员者；同样定义适用于以下内容）。

（2）本法中"职业能力"，是指劳动者从事相关职业工作应具备的能力。

（3）本法中"职业能力鉴定"，是指对劳动者从事相关职业工作应具备的职业技能和相关知识的鉴定（不包括厚生劳动省管辖外的测试）。

（4）本法中"职业生涯规划"，是指劳动者制定贯穿其长期职业生涯的个人职业目标和规划，按照个人倾向、职业经验及其他情况，择业、开发和提升职业能力，从而实现职业目标。

职业能力开发促进的基本理念

第三条　第一款

劳动者在其整个职业生涯中有效锻炼职业能力对于其就业保障和待遇提高必不可少，同时这也是经济和社会发展的基础，依照本法规定，职业能力开发和促进将作为一项基本原则，系统性贯彻于劳动者的整个职业生涯的各个阶段，同时也对劳动者的职业生涯规划予以适当考虑，以使其更加适应由于产业结构调整、技术进步及其他经济环境变化造成的职业变化，从而促进劳动者工作变动时顺利再就业。

第三条　第二款

（1）依照前款规定的基本原则，为促进劳动者职业能力的自愿开发和提高，应当确保劳动者获得与其职业生涯规划相匹配的职业训练和教育培训机会，确保他们具备必要的工作经验，并对劳动者通过职业训练所获得的经验和知识进行适当的职业技能评估。

（2）职业训练应避开与《学校教育法》（1947年第26号法案）所规定的学校教育重复，但应当提供与学校教育密切关联的培训。

（3）对于年轻劳动者，提供职业训练应当特别关注其个性特征，充分开发潜力，以增进其成为自立劳动者的意愿。

（4）对于身体或精神残疾的劳动者，提供职业训练应对其身体或精神状况予以特殊考虑。

（5）职业能力鉴定应当在建立客观公正的职业能力评估标准、鉴定方法和其他评估方式上，对劳动者通过职业训练和教育培训获得的工作经验和知识等职业所需的职业技能进行适当评估。

相关人员的职责

第四条

（1）雇主应当为其劳动者提供必要的职业训练，并为确保其获得自愿接受职业训练或职业能力鉴定的机会提供最大程度的帮助，以及其他任何促进与劳动者职业人生规划相一致的职业能力开发和提高提供必要的帮助，从而促进劳动者的职业能力的开发和提升。

（2）通过扩展适当援助（以提供劳动者职业训练或职业能力测试的机会），雇主或其他相关人员的自愿努力，中央和地方政府应竭力支持和促进由雇主或其他相关人员实施的职业训练和职业能力鉴定，通过雇主提供帮助，确保劳动者有机会自愿接受在职培训或职业能力鉴定，促进劳动者开发与职业生涯规划相匹配的职业能力，并为那些期望更换工作的劳动者及为提高职业能力需要特殊指导的劳动者提供职业训练，基于雇主和组织的实际情况提供职业训练指导，基于劳动者职业生涯规划提供相应的帮助以促进其职业能力开发，并保障职业技能鉴定顺利开展。

第二章 职业能力开发计划

职业能力开发基本计划

第五条

（1）厚生劳动省制定职业能力开发基本计划（依据本法制定职业训练、职业能力鉴定及其他法律规定的职业能力开发形式，以下第七条第一款提及的"计划"即为"职业能力开发基本计划"）。

（2）职业能力开发基本计划具体如下：

（ⅰ）劳动力供需趋势相关事项，如技术工人供需趋势；

（ⅱ）职业能力开发实施目标相关事项；

（ⅲ）职业能力开发实施措施基本事项。

（3）职业能力开发基本计划应基于经济或劳动力市场长期预期，同时考虑劳动力市场供需中多项因素的影响，如技术工人、职业类别、企业规模、年龄、劳动条件、劳动率等。

（4）在必要的情况下，厚生劳动省应基于职业能力开发基本计划对特定职业类别进行的职业训练促进措施进行详细的说明。

（5）职业能力开发基本计划制定前，厚生劳动省应听取劳动政策审议会、相关行政机构及地方政府的意见。

（6）职业能力开发基本计划制定后，厚生劳动省应立即公开主要内容。

（7）以上两项规定亦适用于职业能力开发基本计划修订。

建议

第六条

为确保职业能力开发基本计划正常推行，厚生劳动省应听取劳动政策审议会意见，为实施职业训练和促进职业能力开发相关机构的雇主提供必要的建议。

地方政府职业能力开发计划

第七条

（1）依据职业能力开发基本计划，地方政府在其管辖范围内制定职业能力开发相关的实施计划（以下简称"地方政府职业能力开发计划"）。

（2）地方长官在制定地方政府职业能力开发计划时，应充分考虑雇主、劳动者及其他相关人员的意见并设置必要措施。

（3）第五条第二项至第四项及第六项有关地方政府职业能力开发计划的规定、同条第六项及前项有关地方政府职业能力开发计划变更的规定，适用于地方政府职业能力开发计划实施。此种情况下，第五条第四项及第六项中"厚生劳动省"由"地方政府"替代，前条中"厚生劳动大臣"由"地方长官"替代，"听取劳动政策审议会意见"由"充分考虑雇主、劳动者及其他相关人员意见并设置必要措施"替代。

第三章 职业能力开发促进

第一节 雇主施行职业能力开发促进的措施

确保多种职业能力开发机会

第八条

依据第九条至第十四条规定的措施，雇主应充分保障劳动者通过接受多种职业训练后有机会开发并提升职业能力。

第九条

在雇主向劳动者提供职业训练时，应按照第十五条第六款第三项规定，劳动者在岗或脱岗的状态，单独或共同接受公共职业能力开发设施或其他职业能力开发及提升的适当人员提供的职业训练。

第十条 第一款

按照前项规定雇主应按照以下所列内容向劳动者提供必要的措施以促进其职业能力开发及提升：

（i）要求劳动者接受由外部结构提供的职业相关的教育培训；

（ii）要求劳动者独自或共同接受由外部有资质的机构提供的职业能力鉴定或职业能力开发及提升测试。

第十条 第二款

（1）雇主在实际工作中应提供必要的实践性职业训练以开发和提升劳动者的实践能力。

（2）前项提及的实际工作中的职业训练，是指雇主在劳动者业务进行过程中实行的职业训练，同时可结合以下所列的职业训练或教育培训一起实行，完成培训后劳动者需通过技能和知识的评估。

（i）第十五条第六款第三项规定的公共职业能力开发机构提供的职业训练；

（ii）第二十四条第三项规定的认定职业训练；

（iii）除前两项外，由雇主之外、具有资质进行职业能力开发及提升的个人或机构提供的教育培训；

为确保前项所提的实际工作中的职业训练合适并有效地推行，厚生劳动省应针对雇主执行方面公布相关指导措施。

第十条　第三款

除前项提及的措施外，必要时雇主应按照下列措施促进劳动者在其职业生涯设计中自愿进行的职业能力开发和提升：

（i）依据劳动者职业所需技能、知识的内容和程度及其他事项，向其提供信息、咨询机会及其他必要的援助措施，以帮助劳动者确立职业能力开发和提升的目标。

（ii）在劳动力配置或其他雇佣管理时，应充分考虑以确保劳动者在工作经验中能够自发进行职业能力开发和提升。

第十条　第四款

（1）除第九项至前项规定外，必要时雇主应通过下列扩展援助措施促进劳动者在其职业生涯设计中自发进行职业能力开发和提升，以确保劳动者有机会自愿接受在岗教育培训或职业能力测试。

（i）带薪教育培训休假、长期教育培训休假、再就职准备休假及其他休假。

（ⅱ）采取必要措施以确保劳动者有时间接受教育培训或职业能力鉴定，如工作起始时间变更、减少工作时间或其他措施。

（2）带薪教育培训休假是指向接受教育培训以提升职业素质或其他职业目的的劳动者提供带薪休假（《劳动基准法（1947年第49条法案）》第三十九条规定的年度带薪休假除外）。

（3）第一项第一号规定的长期教育培训休假是指向接受教育培训以提升职业素质的劳动者提供长期休假（《劳动基准法（1947年第49条法案）》第三十九条规定的年度带薪休假及前项规定的带薪教育培训休假除外）。

（4）第一项第一号规定的再就职准备休假是指向为再次就业做准备而进行职业能力开发和提升的劳动者提供的休假（《劳动基准法（1947年第49条法案）》第三十九条规定的年度带薪休假、第二项规定的带薪教育培训休假及前项规定的长期教育培训休假除外）。

第十条　第五款

为促进前两项规定劳动者在职业生涯设计中自发进行职业能力开发及提升，厚生劳动省应公布合适而有效的措施进行保障。

系统性促进职业能力开发

第十一条

（1）依据第九条至第十条第四款规定，雇主应努力制定规划以促进劳动者职业能力开发和提升。

（2）按照前项规定雇主制定好规划后，雇主应将规划内容告知劳动者从而促进劳动者在其职业生涯规划中进行职业能力开发和提升，同时应有效利用任命的职业能力开发推进者，并努力确保规划顺利推行。

职业能力开发推进者

第十二条　第一款

按照厚生劳动省规定，雇主应任命能够承担以下职责的员工作为职业能力开发推进者：

（i）前项第一条计划中有关规划和推行方面的职责；

（ii）第九条至第十条第四款规定中向劳动者提供建议和指导的职责；

（iii）国家、地方政府、中央职业能力开发协会或地方政府职业能力开发协会（以下简称"国家机构等"）针对雇主进行前项第一条规定的计划制定和推行工作时应给与建议、指导及其他协助。

熟练技能的促进

第十二条　第二款

（1）劳动者掌握并熟练技能和知识（以下简称"熟练技能等"）需要一定时间，必要时雇主应提供相关信息、给予系统性管理及其他必要措施，以促进劳动者高效且有效地掌握熟练技能等以及促进职业能力开发和提升。

（2）前项规定中雇主为劳动者掌握熟练技能等提供的各项措施，厚生劳动省应给予必要且适度的指导意见以促进措施有效施行。

职业训练认定的实施

第十三条

按照第四节和第七节规定，雇主、雇主团体、雇主联合团体、职业培训公司、中央职业能力开发协会、地方政府职业能力开发协会、社团公司、财团公司、提供或打算提供职业训练的非盈利性劳动组织（以下统称"雇主等"），通过获取职业训练鉴定资质维持和加强职业训练水准。

实际工作中进行的职业训练认证

第十四条

按照第五节规定的实施计划，通过获取实际工作中提供职业训练的认证（第十条第二款第二项规定提及的实际工作职业训练，下同），雇主提供实践中的职业训练，以有效促进青少年劳动者（按厚生劳动省规定，下同）实际工作中职业能力开发和提升。

第二节　国家及地方政府职业能力开发促进措施

确保多种职业能力开发机会

第十五条　第一款

通过本节和下节规定以及第十三条规定，国家及地方政府应确保劳动者能够接受多种形式的职业训练以促进职业能力开发和提升。

雇主及其他相关者的援助

第十五条　第二款

（1）为确保劳动者有机会接受在职教育培训或自愿接受职业能力测试，同时促进劳动者按照职业生涯设计自发进行职业能力开发及提升，国家及地方政府应努力针对由雇主实施的职业训练和职业能力鉴定进行以下必要的援助措施：

（ⅰ）第十条第三款第一号提及的演讲相关的咨询；

（ⅱ）第十一条中提及的计划制定和实施相关的建议和指导；

（ⅲ）职业能力开发及提升中技术层面的事项的咨询和援助；

（ⅳ）提供信息和资料；

（ⅴ）举行职业能力开发推进者研讨会并为推进者们提供相互交流的机会；

（ⅵ）第二十七条第一项规定的职业训练指导员的安排；

（ⅶ）接受并进行一部分职业训练的委托；

（ⅷ）除前项之外，第十五条第六款第三项规定的公共职业能力开发机构可充分利用其功能以提供便利。

（2）为促进职业能力开发及提升，国家及地方政府应按照前项第三号和第四号规定向劳动者提供援助；

（3）国家应给予特别措施以确保第一项第二号至第四号提及的针对雇主们及劳动者的援助措施适度有效，如建立专门的机构。

（4）为扩大第一项和第二项规定中提及的针对雇主等及劳动者提供的援助，国家和地方政府应与中央职业能力开发协会和地方政府职业能力开发协会密切合作。

针对雇主等的援助

第十五条　第三款

为促进雇主等施行的职业训练和职业能力鉴定以及鼓励雇主提供必要的措施，如给予带薪教育培训休假（第十条第四款第二项规定）、提供援助以确保劳动者自愿接受或更加便利地接受由公共职业能力开发机构等提供的职业相关的教育培训或职业能力鉴定（第十五条第六款第三项规定），国家应向雇主提供奖励或采取其他必要措施。

职业能力开发相关的调查研究

第十五条　第四款

国家与中央职业能力开发协会合作，就职业训练、职业能力鉴定及其他有关职业能力开发和提升方面进行调查和研究、收集整理信息，以供雇主和劳动者使用。

职业必须技能相关的宣传及引导

第十五条　第五款

为创造职业能力开发及提升顺利进展的良好环境，国家应开展各项宣传和引导活动，以加强雇主及民众对职业必须技能的理解。

第三节　国家及地方政府关于职业训练的实施

第十五条　第六款

（1）为使劳动者分阶段系统地获得工作所需的职业技能和知识，国家和地方政府应按照第十六条相关规定建立与职业训练相配套的设施；职业训练是劳动者获得劳动厚生省规定的知识的主要途径，此外也可适当通过其他设施获取知识和技能。

（ⅰ）职业能力开发学校（即普通职业训练，提供长期和短期普通职业训练课程及设施，不包括以下规定的高级职业训练的职业训练，同样定义适用于以下内容）。

（ⅱ）职业能力开发短期大学（即高级职业训练，针对劳动者工作所必需技能，提供相应的长期和短期高级职业训练课程及设施，不包括下条厚生劳动省大臣在相关条款中规定的长期职业训练课程，同样定义适用于以下内容）。

（ⅲ）职业能力开发大学（即前项规定的长期和短期高级职业训练所需的培训课程和专项能力开发，以及厚生劳动省大臣为发展和促进专业实用的职业能力的高级职业训练所需的长期培训课程及设施，同样定义适用于以下内容）。

（ⅳ）职业能力开发中心（即为普通或高级职业训练提供短期培训课程及设施，同样定义适用于以下内容）。

（ⅴ）残疾人职业能力开发学校（即为在前项列出的设施中接受职业训练存在身体或精神困难的残疾人员提供与其能力相适应的普通或高级职业训练课程及设施，同样定义适用于以下内容）。

（2）国家和地方政府建立前款列出的设施，除了提供相关条目中列出的职业训练外，还应努力针对第十五条第二款第一项的三、四、六和八中规定的雇主、工人和其他有关人员提供援助。

（3）在建立前款所列的职业训练设施时，国家和地方政府［包括自治市，如果自治市依照第十六条（2）的规定建立职业技术学校的情况下］应当在地方政府建立的设施中提供职业训练（以下简称"公共职业能力开发设施"），此外，如向打算变更职业的劳动者提供及时和有效的职业训练，政府部门应使这些劳动者在被视为适合开发和促进职业技能的其他设施中接受知识培训，这种知识培训被视为在公共职业能力开发设施中进行的职业训练。

（4）公共职业能力开发设施在提供第一款中规定的职业训练和第二款中规定的拓展的援助（不包括自治市建立的职业技术学校提供的职业训练和援助）外，还应提供以下业务：

（ⅰ）为海外发展中地区开展业务所雇佣的劳动者提供培训，使其获得必需的职业技能和知识；

（ii）除前项规定外，实施涉及职业训练的其他业务或本法中厚生劳动省大臣规定的为职业能力开发促进必需的其他事务；

职业训练实施计划

第十五条　第七款

在国家建立的公共职业能力开发设施中提供的职业训练以及依照前条第一款中规定的由国家提供的职业训练，厚生劳动省大臣应依据厚生劳动省规定的条例所规划的职业训练计划实施。

公共职业能力开发设施

第十六条

（1）国家应当建立职业能力开发短期大学、职业能力开发大学、职业能力促进中心及残疾人职业能力开发院校，地方政府应当建立职业能力开发院校。

（2）除了前款中规定的内容，地方政府应当建立职业能力开发短期大学、职业能力开发大学、职业能力促进中心及残疾人职业能力开发院校（以下简称"职业能力短期开发大学等"），自治市应建立职业技术学校。

（3）当地方政府打算建立职业能力短期开发大学等或自治市打算建立职业能力开发院校时，应提前与厚生劳动省大臣商议并取得同意。

（4）公共职业能力开发设施由国家建立，其位置、名称以及其他运营相关的必要事项应遵照厚生劳动省大臣规定的条例，如公共职业能力开发设施由地方政府或自治市建立，其位置、名称以及其他运营相关的必要事项应遵照地方政府或自治州规定的条例。

（5）对于依照第一款中规定的残疾人职业技术学校，国家可将由厚生劳动省大臣规定的经营事务委托给具有独立行政法人资格的"高龄·残疾人就业支援机构"运营，厚生劳动省大臣未规定的经营事务可委托给地方政府运营。

（6）公共职业能力开发设施的负责人应当是在职业训练上有独到见解之人。

名称使用的限制

第十七条

除公共职业能力开发机构（不包括那些依照第二十五条规定建立的设施）外，其他机构名称中不得使用职业能力开发院校、职业能力开发短期大学、职业能力开发大学、职业能力促进中心及残疾人职业能力开发院校等字样。

国家、地方政府和自治市的考虑

第十八条

（1）在建立和运营公共职业能力开发机构时，国家、地方政府和自治市应给出预先考虑以使这些设施在避免相互竞争的情况下最大程度发挥其功能。

（2）在提供职业训练时，国家、地方政府和自治市应在职业训练开始时间、学期和项目等方面给出预先考虑以确保相关地区劳动者职业稳定以及产业振兴。

职业训练的标准

第十九条

（1）公共职业能力开发机构提供普通或高级职业训练，应遵照厚生劳动省大臣为加强和保持职业训练在课程、培训时间、设施或厚生劳动省大臣另行规定的其他方面的水平而在职业训练每项课程中规定的标准。

（2）前款规定的职业训练课程的分类应由厚生劳动省大臣另行规定。

教材

第二十条

在公共职业能力开发机构提供的普通或高级职业训练课程中（以下简称"公共职业训练"），公共职业能力开发机构应尽量使用厚生劳动省大臣认准的教科书或其他培训资料。

技能考核

第二十一条

（1）公共职业能力开发机构负责人应对接受公共职业训练的人员（仅限于接受长期培训课程的人员）进行职业技能和知识的考核（本法以下简称"技能考核"）。

（2）顺利通过职业技能考核的人员应被视作认证技能师。

（3）职业技能考核标准以及其他实施考核相关的必要事项由厚生劳动省另行规定。

结业证书

第二十二条

公共职业能力开发机构负责人应按照厚生劳动省相关规定，为已完成公共职业训练的人员颁发结业证书。

对接受过职业训练的求职者的措施

第二十三条

（1）在公共职业训练中，转换职业的求职者和厚生劳动省规定的其他求职者可免费享受职业能力开发院校、职业能力开发促进中心（仅限于厚生劳动省规定的短期培训课程）开展的普通职业训练及残疾人职业能力开发院校提供的职业训练。

（2）依照《雇佣对策法》，国家和地方政府应给依照前款规定为接受公共职业训练的求职者发放津贴。

（3）公共职业能力开发机构负责人应与公共职业安定所长紧密合作，竭力采取必要措施协助接受公共职业训练的求职者的求职活动。

第四节　对雇主提供的职业训练的认定

地方政府对职业训练的认定

第二十四条

（1）雇主等一经提出申请，地方政府应当按照厚生劳动省在第十九条第一款中规定的条例对该雇主提供的职业训练进行认定。然而，这不适用于地方政府认为该雇主不具备合理开展职业训练能力的情况。

（2）如果地方政府打算授予前款规定的认证时，且当接受职业训练的工人符合厚生劳动省规依照《劳动标准法》第七十条规定制定的法令，或厚生劳动省大臣依照《劳动安全卫生法》（1972年第57号法案）中第六十一条第四款规定制定的法令时，地方政府应当听取当地劳动局的意见，厚生劳动省大臣另行规定的情况除外。

（3）按照第一款获得职业训练认证（以下简称"认证的职业训练"）的机构不再遵照厚生劳动省大臣在第十九条第一款中规定的标准，或当雇主等不能提供符合认证标准的职业训练，或地方政府发现雇主等不再有能力提供符合认证标准的职业训练时，地方政府有权撤回认证。

（4）地方政府如果打算授予或撤回符合第一款规定的认证时（仅限于高级职业训练的认证），应提前与厚生劳动省商议并得到其同意。

雇主提供的职业训练设施

第二十五条

按照厚生劳动省大臣的规定，雇主可建立职业能力开发学校、职业能力开发短期大学、职业能力开发大学或职业能力开发促进中心作为职业训练设施。

雇主间的合作

第二十六条 第一款

在不妨碍业务运营的情况下，进行职业训练认证工作的雇主应尽力使其设施具备职业训练认证资格，以便于其他雇主用于进行职业训练，或接受委托向其他雇主雇佣的员工提供职业训练。

准用

第二十六条 第二款

第二十条至第二十二条的规定适用于职业训练认证。在这种情况下，在第二十一条第一款和第二十二条中"公共职业能力开发机构负责人"这一术语应被替换为"提供职业训练认证的雇主们"。

第五节　对实践工作中的职业训练计划的认定

实施培训计划的认定

第二十六条　第三款

（1）按照厚生劳动省规定，在实践工作中提供职业训练的雇主应制定与实践相结合的职业训练实施计划（以下简称"实施计划"），并向厚生劳动省申请认定。

（2）与实践工作相结合的职业训练实施计划应包含以下事宜：

（ⅰ）训练对象；

（ⅱ）训练时间与内容；

（ⅲ）职业能力评价方法；

（ⅳ）训练负责人；

（ⅴ）厚生劳动省规定的其他事项。

（3）当认证申请被提出（见第一项），提供训练的计划可有效促进青少年劳动者实际职业能力的开发和提升，且符合厚生劳动省规定的实际作业条例标准时，厚生劳动省大臣应当授予认证。

实施计划的变更

第二十六条　第四款

（1）当已得到前述条款中第三项认定资格的雇主（以下简称"认证雇主"）打算改变上述提及的实施计划时，应获得厚生劳动省大臣的认证。

（2）当前述条款中第三项提及的实施计划（如上段所述，当计划发生变更，并获得认证后，即指变更后的计划，本节中以下简称"认证实施计划"）不再符合厚生劳动省在本法中第三款规定时，或认证的雇主不再依照认证实施计划提供实践并用职业训练时，厚生劳动省大臣可取消认证。

（3）前条第三项的规定适用于第一项关于认证的规定。

指示

第二十六条　第五款

（1）当认证的雇主按照提供培训的认证计划提供实操技能职业训练（下文简称"经认证的实操性职业培训"）时，应在招聘劳动者的广告中或由厚生劳动省规定的其他地方中（以下简称"广告等"），说明实操性职业培训已得到认证。

（2）除前款规定的情况外，任何人不得在广告等中附加同款规定的说明，或其他任何误导性的说明。

委托招聘的特殊规定

第二十六条　第六款

（1）当作为获批的中小型雇主团体（限于认证的雇员，下同）一员的中小型雇主打算招募负责认证实操性职业培训的人员（以下简称"培训负责人"），以及打算参与招聘时，《职业安定法》（1947年第141号法案）中第三十六条第一项和第三项规定的条例将不适用于中小型雇主。

（2）本条及次条中，下列术语与相关条款中的规定有同样意义：

（i）中小型雇主：为中小型企业确保劳动力以及创造良好的就业机会而进行的就业管理和改善相关的法律（1991年第57号法案）中第二条第一款第一项至第三项中列出的人员；

（ii）获批中小型雇主团体：业务协同组合、协同组合联合会、依照特定法规建立的其他伙伴关系、厚生劳动省规定的联合会、包含中小型雇主作为直接或间接成员（限于满足厚生劳动省规定，以下简称"事业协同组合等"）的法人团体。

（3）按照前项（ii）中规定，获批中小型雇主团体不再适合提供咨询和援助时，厚生劳动省可撤销其资质。

（4）按照厚生劳动省规定，第一项里提及的获批中小型雇主团体在进行招聘活动时，应将招聘时间、招聘人员、招聘地点以及其他与招聘相关的培训负责人等事项告知厚生劳动省。

（5）《职业安定法》第三十七条第二项规定适用于前项规定的通知的情况，同法第五条第三款第一项及第三项、第五条第四款、第三十九条、第四十一条第二项、第四十八条第三款、第四十八条第四款、第五十条第一项及第二项以及第五十一条第二款规定适用于前项规定的参与培训负责人的招聘的人员告知的情况，同法第五十条第三项及第四项规定适用于同条第二项规定的行使职权的情况。此种情况下，同法第三十七条第二项中"进行劳动者招聘的人员"与《职业能力开发促进法》第二十六条第六款第四项规定以及同条第一项规定的"从事培训负责人招聘的人员"可替换，同法第四十一条第二项中"劳动者招聘业务废止或期间"与"期间"可替换。

（6）《职业安定法》第三十六条第二项及第四十二条第二款规定中"前项规定"视同《职业能力开发促进法》第二十六条第六款第一项规定的从事培训负责人招聘的人员；同条中"第三十九条规定的招聘受托者"视同《职业能力开发促进法》第二十六条第六款第四项以及同条第一项规定的从事培训负责人招聘的人员；"同项"视同"此项"。

（7）厚生劳动省可要求获批中小型雇主团体就第二项第二号提及的咨询和援助的实施情况进行汇报。

（8）按照厚生劳动省规定，第四项及第五项规定的厚生劳动省大臣的部分权限可由地方政府劳动局长代为行使。

第二十六条　第七款

公共职业安定所应针对前条第四款规定中提及的从事培训负责人招聘工作的获批中小型雇主公司，提供就职信息和调查及研究结果，并基于调研结果在招聘方面给予细节和方法上的指导，从而尽力促进招聘有效适当地实施。

第六节　职业能力开发综合大学

第二十七条　第一款

（1）为达到促进公共职业训练和其他职业训练的顺利实施以及职业能力的开发促进的目的，职业能力开发综合大学应通过向有志成为公共职业训练和认证的职业训练（以下简称"法定职业训练"）负责人（以下称其为"职业训练指导员"）的人员传授必需的技能和知识以培育培训指导员，并为促进他们能力提供培训（以下简称"指导员培训"）和厚生劳动省规定的其他职业训练，以助于法定职业训练的实施和职业能力开发促进的全面调查和研究的开展。

（2）除前项规定的业务外，职业能力开发综合大学应依照本法条例和厚生劳动省的其他规定为职业能力的开发促进提供必需的其他业务。

（3）国家应建立职业能力开发综合大学。

（4）除职业能力开发综合大学外，任何人不得在其名称中使用职业能力开发综合大学这一词汇。

（5）第十五条第六款第二项和第四项（除第二号外）、第十六条第四项（限于国家建立的公共职业能力开发设施部分）及第六项，以及第二十三条第三项有关职业能力开发综合大学的规定，适用于第十九条至第二十二条的规定的职业能力开发综合大学提供的职业训练。此种情况下，第十五条第六款第二项中"相关条款中规定的长期职业训练课程"、同条第四项中"第一项中规定的职业训练"可替换为"第二十七条第一项规定的业务"；第二十一条第一项和第二十二条中"公共职业能力开发设施"可替换为"职业能力开发综合大学"；第二十三条第三项中"接受公共职业训练"可替换为"接受指导员培训（第二十七条第一项规定的指导员培训）或职业训练"。

第七节　职业训练指导员

指导员培训的标准

第二十七条　第二款

（1）指导员培训的培训课程分类以及课程标准、培训时限、设备和其他培训相关事项的标准应由厚生劳动省规定。

（2）第二十二条和第二十四条第一项至第三项的规定适用于指导员培训。此种情况下，第二十二条中"公共职业能力开发机构的负责人"可替换为"职业能力开发综合大学的负责人和适用第二十七条第二款第二项规定提供第二十四条第一项认证相关规定的指导人员培训业务的雇主等（第二十七条第一项规定）"，第二十四条第一项和第三项中"第十九条第一项"可替换为"第二十七条第二款第一项"。

职业训练指导员执业许可证

第二十八条

（1）法定职业训练中，提供普通职业训练（不包括厚生劳动省规定的短期培训课程）的职业训练指导员应持有地方政府颁发的执业许可证。

（2）前款规定的执业许可证（以下简称"职业训练指导员执业许可证"）属于厚生劳动省规定的职业种类。

（3）基于个人申请，职业训练指导员执业许可证可授予下列人员：

（i）完成厚生劳动省规定的指导员培训课程的人员；

（ii）通过第三十条第一项规定的职业训练指导员考试的人员；

（iii）与前两项规定的人员相比，具备同等或更高的职业训练指导员能力的人员。

（4）前款第三号列出的人员范围应由厚生劳动省规定。

（5）尽管符合第三项的规定，下列人员不能获得职业训练指导员执业许可证：

（i）被监护或被管理的成年人；

（ⅱ）处以监禁及以上刑罚的无业人员；

（ⅲ）职业训练指导员执业许可证被撤销且自撤销之日未满两年时间的人员。

职业训练指导员执业许可证的撤销

第二十九条

（1）当获得职业训练指导员执业许可证的人员出现前款第五项第一号或第二号的情况时，地方政府应撤销其职业训练指导员执业许可证。

（2）当获得职业训练指导员执业许可证人员有不端行为，不再适合作为职业训练指导员时，地方政府应撤销其职业训指导员执业许可证。

职业训练指导员考试

第三十条　第一款

（1）地方政府应按照厚生劳动省规定的职业训练指导员考试计划，每年进行职业训练指导员考试。

（2）前款规定的职业训练指导员考试（以下简称"职业训练指导员考试"）应包括实践考试和理论考试。

（3）以下人员具备参加职业训练指导员考试的资格：

（ⅰ）顺利通过第四十四条第一项规定的技能鉴定的人员；

（ⅱ）具备厚生劳动省规定的实际工作经验的人员；

（ⅲ）具备与前两号同等或更高能力的人员。

（4）前款第三号列出的人员范围应由厚生劳动省规定。

（5）按照厚生劳动省大臣的规定，地方政府可免除具备第二项规定的实际和理论考试全部或部分人员的资格。

（6）符合第二十八条第五项规定情况的人员不具备参加职业训练指导员考试的资格。

职业训练指导员资格的特殊规定
第三十条　第二款

（1）法定职业训练中的高级职业训练（不包括厚生劳动省规定的短期培训课程）的职业训练指导员应由厚生劳动省指定，与第二十八条第三项各号规定相比应具备同等或更高能力，且具备丰富的知识或高水平的技能的人员（不包括同条第五项各号规定的人员）。

（2）按照第二十八条第一项规定进行职业训练的职业训练指导员如果具备同条第三项各号列出的在培训培训课程方面有同等或更高能力（不包括属于同条第五项各号规定的情况），无须具备职业训练指导员执业许可证。

第四章　职业训练机构

职业训练公司
第三十一条

依据本法条例规定，提供认证的职业训练的社团或财团可作为职业训练公司。

法人资格
第三十二条

（1）职业训练公司具备法人资格。

（2）职业训练公司以外的其他机构或组织不得在名称中使用职业训练公司的字样。

业务

第三十三条

职业训练公司除提供认证的职业训练外，还应进行以下全部或部分业务：

（i）提供职业训练相关的信息和资料；

（ii）开展职业训练相关的调查和研究；

（iii）除上述两项内容外，职业训练公司还应开展促进职业能力开发和提升相关的职业训练业务。

注册

第三十四条

（1）职业训练公司应当按照法律规定进行注册登记。

（2）前项规定的登记事项在完成后生效，否则针对第三方不具有法律对抗效力。

设立

第三十五条

（1）职业训练公司的建立应经地方政府的认可。

（2）职业训练公司应在公司章程（职业训练公司）和捐助条例（职业训练协会）明确规定下列事项：

（i）目的；

（ii）名称；

（iii）为认证职业训练而设立的设施的位置及名称；

（iv）主要办事处地址；

（v）对于职业训练协会，成员资格相关事项；

（vi）对于职业训练协会，会议相关事项；

（vii）管理人员相关事项；

（viii）会计相关事项；

（ⅸ）解散相关事项；

（ⅹ）公司章程或捐助条例变更相关事项；

（ⅺ）公告的方式。

（3）职业训练公司在成立时，应当确定管理人员、公司章程或捐助条例。

（4）如果打算成立职业训练公司的个体在确定名称、公司地址或管理人员相关事项之前去世，地方政府应当要求与其有利害关系的人员或职责权限，指定人员对这些事项进行确定。

（5）除本章规定外，设立职业训练公司及资格申请相关的其他必要事项由厚生劳动省规定。

设立的认可

第三十六条

按照前条第一项认可进行申请的情况下，地方政府应给予设立认可，以下情况除外：

（1）当申请的社团或财团违反公司章程或捐助条例时；

（2）当申请的社团或财团缺乏必需的管理基础或其他原因导致没有能力开展业务时。

设立的时期

第三十七条　第一款

（1）职业训练公司应在其主要办事所在地进行注册登记；

（2）职业训练公司应在建立之日起两周内向地方政府机构申报备案。

财产清册及人员名录

第三十七条　第二款

（1）职业训练公司应在建立之时及每年1月份和3月份之间制作财产清单，并存放在主要办事所在地。如果培训公司自行设定公司财年，应在公司成立之时和每个财年结束时制作财产清单。

（2）职业训练公司应盘点成员名单，并在每次成员变动时做出必要调整。

理事

第三十七条　第三款

（1）职业训练公司应设置一个或两个以上的理事。

（2）在具备两个或两个以上理事的情况下，职业训练公司的事务应由多数理事决定，公司章程或捐助条例另有规定的除外。

职业训练公司的法人代表

第三十七条　第四款

理事应作为职业训练公司所有事务的代表。理事不得违反公司章程或捐助条例规定，在职业训练协会情况下理事应遵从董事会决议。

理事代表权的权限

第三十七条　第五款

理事的代表职权的限制不应与不了解限制内容的具备善意的第三方存在对抗。

理事代表权的委托

第三十七条　第六款

在公司章程、捐助条例或董事会决议不禁止的前提下，理事可将其在特定事务的职权委托他人。

临时理事

第三十七条　第七款

理事空缺并可能导致职业训练公司业务延迟和引发损失时，地方政府可依照有利害关系人员请求或职责权限，指定人员作为临时理事。

利益相反行为

第三十七条　第八款

在职业训练公司与理事间的利益存在冲突时，理事不再具有代表权。

此种情况下，地方政府应依照有利害关系的人员的请求或职责权限，任命特别代理人。

监事

第三十七条　第九款

依照公司章程、捐助条例或董事会决议的规定，职业训练公司应设置一位或两位以上监事。

监事的职责

第三十七条　第十款

监事的职责如下：

（i）审计职业训练公司的资产状况；

（ii）审计理事对业务的执行情况；

（iii）当认为公司资产或理事业务执行情况违反法律法规、公司章程、捐助条例时，或存在明显不合理的事项时，应向董事会或地方政府报告；

（iv）为完成前述的报告，必要时可召开董事会。

监事不得兼任

第三十八条　第一款

已任命为职业训练公司的监事，不得兼任理事或职员。

通常总会

第三十八条　第二款

职业训练公司的理事应当每年至少一次召开全体成员大会。

临时总会

第三十八条　第三款

（1）职业训练公司理事在必要时，可召开临时总会。

（2）当五分之一或以上的全体成员提交某一请求，并认为该事项需要召开总会时，职业训练公司理事应当召开临时总会。然而，任何不同于全体成员五分之一的比例应在公司章程中明确规定。

总会的召开

第三十八条　第四款

召开总会的通知，应至少在召开前五天告知，并依据公司章程规定的方式，表明召开此次总会的目的等相关事项。

第三十八条　第五款

除依照公司章程委托给理事或其他人员的事务外，职业训练公司的所有事务应在总会上进行决议。

第三十八条　第六款

只有第三十八条第四款中规定的应提前通知的事项可在总会上进行决议。公司章程另有规定的情况无此限制。

成员的表决权

第三十八条　第七款

（1）各位成员的表决权是平等的。

（2）不能出席总会的成员可通过书面或委托他人代理的形式进行表决。

（3）前两项规定不适用于公司章程另行规定的情况。

无表决权的情况

第三十八条　第八款

任何涉及职业训练公司与某特定成员之间关系的决议的情况下，该成员没有投票权。

公司章程或捐助条例的变更

第三十九条　第一款

（1）公司章程或捐助条例（除第三十五条第二项第四号中规定的事项，或由厚生劳动省规定的其他事项）的变更应经过地方政府的认可，方可生效。

（2）第三十六条规定，适用于前项的认可。

（3）如果公司章程或捐助条例中与第一项中厚生劳动省规定的相关事项发生变更，职业训练公司应向地方政府申报备案，不得延误。

对职业训练公司业务的监督

第三十九条　第二款

（1）地方政府应对职业训练公司的业务进行监督。

（2）地方政府在其职权范围内应对职业训练公司的业务和财产状况进行持续监督。

解散

第四十条　第一款

（1）职业训练公司在以下情况时解散：

（ⅰ）公司章程或捐助条例中规定的解散情况发生时；

（ⅱ）未能达到其业务目标的；

（ⅲ）如为职业训练公司，总会的决议；

（ⅳ）如为职业训练协会，缺乏足够的成员；

（ⅴ）破产程序开始的决定；

（ⅵ）撤销设立认可。

（2）前款第二号中述及的解散原因应经过地方政府认可，方可生效。

（3）在未得到全体成员四分之三或之上的赞成投票时，职业训练公司的解散决议不得生效。然而，公司章程另行规定的情况不受此限制。

（4）职业训练公司如因第一项中第一号、第三号或第四号中述及的任何情况而解散时，公司资产清算人应当告知地方政府。

职业训练公司破产手续的开始

第四十条　第二款

（1）如果职业训练公司无法偿还债务，基于理事、债权人或法院自身职权的要求，法院应裁决启动破产手续。

（2）在前款规定的情况下，理事应立即提交启动破产手续请愿书。

撤销设立认可

第四十一条　第一款

在职业训练机构出现以下情况时，地方政府可撤销职业训练公司的资质：

（ⅰ）无正当理由下，职业训练公司在一年或一年以上时间里未能提供认证的职业训练；

（ⅱ）在职业训练公司的运营违反法律法规、公司章程、捐助条例或极其不合理，且未能得到任何改善时。

清算时职业训练公司的职责

第四十一条　第二款

解散中的职业训练公司在清算结束前应在清算目的范围内继续存续。

清算人

第四十一条　第三款

除破产手续开始的决议进行解散的情况外，职业训练公司解散时理事应成为清算人。然而，公司章程或捐助条例有另行规定或总会选任理事以外的其他人作为清算人时，不受前面的限制。

法庭选任清算人

第四十一条　第四款

当依照前条规定无清算人存在时或由于清算人空缺可能造成损害时，法院可依据有利害关系人员、检察官或法院职权的要求选任清算人。

清算人的解任

第四十一条　第五款

当存在重要事由时，法院可依照有利害关系人员、检察官或法院职权的要求，解任清算人。

清算人的告知

第四十一条　第六款

清算人在清算期间就职时，应当将其姓名和住址向地方政府申报备案。

清算人的职务和权限

第四十一条　第七款

（1）清算人的职责如下：

（i）对当前业务进行了结；

（ii）对债券和债务进行合并；

（iii）交付剩余资产。

（2）为履行前款条目中规定的职责，清算人可执行任何必要行动。

债权索偿的催告

第四十一条　第八款

（1）自就职之日起两个月内，清算人应当至少给出三次公告要求债权人在一定期限内提交催告。在这种情况下，公告期限不能少于两个月。

（2）前款规定的公告应表明，债权人的任何索偿应排除在清算程序之外，除非他/她在规定期限内提交其催告。在此种情况下，清算人不应排除任何已知的债权人。

（3）清算人应要求每个已知的债权人提交其索偿催告。

（4）第一项中规定的公告应刊登在官方报纸上。

规定期限失效后的索偿

第四十一条　第九款

任何在前条第一项规定期限之后提交索偿催告的债权人，应当只有在职业训练公司债务还清后，且资产尚未交付给资产所有人时方有权提交索偿催告。

清算中职业训练公司破产手续的开始

第四十一条　第十款

（1）在清算过程中，如果发现职业训练公司的资产不足以偿还债务时，清算人应立即提交请愿书以启动破产程序，并进行公告。

（2）在清算过程中，如果职业训练公司已启动破产程序，且相关事务的管理已转移到破产受托人，清算人即为履行完毕其职责。

（3）在前款规定的情况下，如果清算中的职业训练公司已付清债权人的债务或已交付给资产所有人的应得资产，破产受托人可收回这些资产。

（4）第一项中规定的公告应刊登在官方报纸上。

剩余财产的归属

第四十二条　第一款

（1）已解散的职业训练公司的剩余资产应交付给公司章程或捐助条例中规定的所有人。在此种情况下，剩余资产应按照出资额交付给职业训练公司的相关出资者。

（2）已解散的职业训练公司的剩余资产中，依照前款规定未处理的资产部分，经过全体成员同意且得到地方政府认可，应交付给指定资产所有人。

（3）已解散的职业训练协会的剩余资产中，依照第一项规定未处理的资产部分，经过地方政府认可，应由清算人交付给正在开展其他职业训练业务的机构。

（4）依照前两项中规定仍未处理的资产部分应交付地方政府。

法庭的监督

第四十二条　第二款

（1）职业训练公司的清算人应接受法院的监督。

（2）按照前项规定，法院可在职责权限范围内进行必要的检查。

（3）对职业训练公司的清算进行监督时，法院可向监督职业训练公司业务的地方政府寻求意见或委托调查。

（4）前项规定的地方政府可向同项规定的法院表明意见。

清算结果公布

第四十二条　第三款

当清算程序结束，清算人应将结果告知地方政府。

清算监督相关事宜的管辖权

第四十二条　第四款

职业训练公司清算的监督及相关的案件，应由主要办事处所在地的法院管辖。

上诉的限制

第四十二条　第五款

对司法选任的清算人的决议不得上诉。

法院选任的清算人的报酬

第四十二条　第六款

在依照第四十一条第四款规定选任出清算人的情况下，法院应决定支付给清算人的酬劳额度并由职业训练公司支付。此种情况下，法院应当听取该清算人和监事的陈述意见。

即时抗告

第四十二条　第七款

当法院罢免清算人或出现前条规定的司法决议时，可提出即时抗告。

监察员的选任

第四十二条　第八款

（1）法院可选任监察员，对职业训练公司的清算的监督实施必要的调查工作。

（2）前三条规定的条款应适用于前项规定的法院选任监察员的情形。此种情况下，第四十二条第六款中"清算人和监事"可替换为"职业训练公司和监察员"。

由地方政府执行机关处理的厚生劳动省相关事务

第四十二条　第九款

按照政令规定，厚生劳动省可在职业训练机构的监督、撤销认可方面对地方政府执行机关给予指导。

适用

第四十三条

《一般社团法人和一般财团法人相关的法律》（2006年第48法案）中第四条、第七十八条、第一百五十八条和第一百六十四条规定（加上必要的变更）适用于职业训练公司。

第五章　技能鉴定

技能鉴定

第四十四条

（1）职业鉴定，是厚生劳动大臣根据政令所制定的各个职业种类（以下简称"职业鉴定种类"），发布厚生劳动省令来分等级进行考试鉴定。对于那些根据厚生劳动省令规定的不适合分等级的职业鉴定种类，可在不区分等级的状况下进行鉴定。

（2）前文提及的技能鉴定（以下简称"技能鉴定"）由厚生劳动省规定所必需的技能及相关知识、鉴定种类等。

（3）技能鉴定包括实操考试和理论考试。

第四十五条

接受技能鉴定的人员须符合以下条件：

（ⅰ）完成厚生劳动省规定的基本培训；

（ⅱ）拥有厚生劳动省规定的实践经验；

（ⅲ）拥有与前两项相等经验的其他人员。

技能鉴定的实施

第四十六条

（1）厚生劳动省每年制定技能鉴定计划，并告知相关人员。

（2）地方政府按照前项规定的计划，实施技能鉴定及其他相关业务。

（3）中央职业能力开发协会执行一部分技能鉴定相关业务，包括考试问题、考试实施大纲以及技术指导。

（4）地方职业能力开发协会执行技能鉴定的实施及其他相关业务。

第四十七条

（1）由厚生劳动省政令任命的厚生劳动大臣，雇主组织或联合团体、一般社团法人或一般财团法人、具备法人资格的工会或非盈利性工会等（以下简称"指定考试机构"），除前条第（2）项地方政府施行的业务之外，实施全部或部分技能鉴定相关业务（不包括考试结果决定。以下简称"考试业务"）。

（ⅰ）为更好实施考试业务，应制定考试业务执行计划，包括成员、设备、实施方法及其他事项；

（ⅱ）为顺利执行前项所述的考试业务，相关机构应具备必要的经济和技术基础。

（2）指定考试机构的负责人及成员不应泄露其工作职责中所接触到的考试业务相关的机密。

（3）指定考试机构的负责人及成员相当于为公共服务的国家公职人员，应遵守《刑法》（1907年第45号法案）及其他刑事规定。

（4）发生以下情况，厚生劳动大臣可撤销指定考试机构的资格或暂停其全部或部分的考试业务：

（i）考试机构不再满足第（1）项所述要求；

（ii）通过不正当手段通过第（1）项规定。

报告

第四十八条

（1）厚生劳动大臣在必要时有权要求指定考试机构就其业务相关工作做述职报告，或由劳动厚生人员到指定考试机构检查业务状况或账簿、书籍及其他物品。

（2）前项提到的进行现场检查的人员，应随身携带并出示工作证明。

（3）第一项规定的现场检查的权限不应认为是刑事检察。

合格证书

第四十九条

厚生劳动省对技能鉴定合格人员颁发合格证书。

合格者的头衔

第五十条

（1）通过技能鉴定的人员成为技能师。

（2）通过技能鉴定的人员按照前项规定称为技能师时，应表明所通过的职业种类和等级（如技能鉴定无等级区分，则只表明职业种类），未通过的职业种类和等级不需表明。

（3）技能师如在表明技能鉴定的职业种类和等级方面有违反前项规定的情况，厚生劳动大臣对其进行最长两年时间不得使用技能师头衔的惩罚。

（4）未通过技能验证的人员，不能使用技能师的头衔。

厚生劳动省的任命

第五十一条

本章规定以外其他有关技能鉴定的必要事项，由厚生劳动省规定。

第六章　职业能力开发协会

第一节　中央职业能力开发协会

中央协会的目的

第五十二条

中央职业能力开发协会（以下简称"中央协会"）的目的是，实现促进职业能力开发及提升的基本理念，帮助地方政府职业能力开发协会健康发展，通过国家和地方政府紧密合作促进第五条第一项规定的职业能力开发（第五十五条第一项中简称"职业能力开发"）。

法人资格

第五十三条

（1）中央协会应作为法人身份。

（2）非中央协会的组织，名称中不得使用"中央职业能力开发协会"的字样。

数量

第五十四条

全国设立一个中央协会。

业务

第五十五条

（1）为完成第五十二条所规定的目的，中央协会需进行以下业务：

（i）向接受职业训练、职业能力鉴定及其他职业能力开发相关业务的会员给予指导和联络；

（ⅱ）向从事职业训练的雇主及地方政府技能鉴定委员提供培训；

（ⅲ）发布职业训练、职业能力鉴定及其他职业能力开发相关业务的信息及资料；

（ⅳ）进行职业训练、职业能力鉴定及其他职业能力开发相关业务的调查和研究；

（ⅴ）提供职业训练、职业能力鉴定及其他职业能力开发相关业务的国际合作；

（ⅵ）除前面各号涉及的事项外，进行促进职业能力开发相关的必要业务。

（2）除以上所列业务外，中央协会需进行第四十六条第三项所规定的技能鉴定考试相关业务。

会员资格

第五十六条

拥有中央协会会员资格的成员包括：

（ⅰ）地方政府职业能力开发协会；

（ⅱ）全国范围内施行职业训练及职业能力鉴定相关活动的组织；

（ⅲ）除以上两项所列之外，其他指定机构。

会员身份

第五十七条

（1）所有地方政府职业能力开发协会都是中央协会的会员。

（2）在无正当理由的情况下，中央协会不得拒绝第（ⅱ）和第（ⅲ）项里所列组织的加入，亦不得设置不合理的入会条件。

会费

第五十八条

中央协会按规定可对会员收取会费。

创办人

第五十九条

设立中央协会需要五位以上的地方政府职业能力开发协会作为创办人。

创立总会

第六十条

（1）创办人在制定完成公司章程后，应组织召开会议，且提前两周公布公司章程、会议时间和地点。

（2）公司章程及其他设立相关的事宜应经过创立总会决议。

（3）创立总会的议事应由至少二分之一具有会员资格且创立总会召开前已通知创立人其参加会议的成员组成，三分之二以上出席者做出决议为有效。

设立认可

第六十一条

在创立总会结束后，创办人应即刻向厚生劳动省提交公司章程和其他由厚生劳动省规定的相关事宜的文件以获得设立中央协会的授权。

章程

第六十二条

（1）中央协会章程需包含以下内容：

（i）目的；

（ii）名称；

（iii）主营业务所在地；

（iv）业务相关事项；

（v）会员资格相关事项；

（vi）会议相关事项；

（vii）成员相关事项；

（ⅷ）参与者相关事项；

（ⅸ）中央技能鉴定委员相关事项；

（ⅹ）会计相关事项；

（ⅺ）会费相关事项；

（ⅻ）会计年度；

（ⅹⅲ）解散相关事项；

（ⅹⅳ）章程变更相关事项；

（ⅹⅴ）公告方式。

（2）章程的变更需经过厚生劳动省大臣的认可方可生效。

成员

第六十三条

（1）中央协会成员设置一名会长、一名理事长、不超过五名理事及不超过两名监事。

（2）除前项提及的理事和监事外，中央协会按规定可设置非常务理事和监事。

（3）会长作为中央协会的代表，主持各项业务。

（4）理事长作为中央协会的代表，按照相关规定，协助会长处理中央协会业务，在会长发生意外或职位空缺时代理其职责。

（5）理事按照相关规定，协助会长及理事长处理中央协会业务，在会长及理事长发生意外或职位空缺时代理其职责。

（6）监事对中央协会的业务及经营状况进行监察。

（7）必要时监事可基于监察结果向会长及厚生劳动大臣提出意见。

（8）监事不得同时兼任会长、理事长、理事及中央协会职员。

成员任免及任期

第六十四条

（1）成员的选任及解聘应按照大会章程规定进行；设立初期的成员应

由创立总会选任。

（2）前项规定的成员选任应得到厚生劳动省的认可，方可生效。

（3）会长及理事长的任期按照规定应不超过四年，理事及监事的任期按照规定应不超过两年；设立初期的会长及理事长的任期按照创立总会规定应不超过两年，创立初期的理事及监事的任期按照创立总会规定应不超过一年。

（4）成员可以再次选任。

代表权的限制

第六十五条

中央协会的会长和理事长之间存在利益冲突时，不具备代表权。这种情况下，按照规定由监事代表中央协会。

参与

第六十六条

（1）中央协会应聘请顾问。

（2）顾问应参与中央协会业务运营相关的重要事项。

（3）顾问应具备职业训练和职业能力鉴定相关的学识经验，并由会长委任。

（4）除前三项规定外，顾问相关的必要事项应在规定中列出。

中央技能鉴定委员

第六十七条

（1）第五十五条第二项规定的技能鉴定考试相关的考试问题及考试实施相关业务、其他技能鉴定考试实施相关的技术方面的业务，由中央技能鉴定委员执行。

（2）中央协会应选任具备厚生劳动省规定必备资质的人员作为中央技能鉴定委员。

决算相关文件的提出与保管

第六十八条

（1）通常总会举行前一周，会长应向监事提交事业报告书、资产负债表、收支决算书以及财产清册（以下简称"决算相关文件"），并将其保管在主要办公室里。

（2）会长应在通常总会上提出添加过监事意见的决算相关文件，并得到大会的认同。

（3）前款中监事的意见书，应以电磁方式作为附件（按厚生劳动省规定以电子方式、磁性方式或其他人类知觉无法识别的方式记录并用电子计算机进行信息处理）进行记录。在这种情况下，视同会长已添加监事书面意见。

总会

第六十九条

（1）按照规定，会长应在每个事业年度举行一次通常总会。

（2）必要时，会长可举行临时总会。

（3）以下事项应服从总会决议：

（i）规定内容的变更；

（ii）事业计划及收支预算的决定及变更；

（iii）解散；

（iv）会员除名；

（v）除前项外其他相关事项。

（4）总会应有半数以上会员出席，超过半数以上出席者同意方决议成立；前项第一号、第三号及第四号相关事项的决议，应保证半数以上会员出席、超过三分之二的出席者同意方能成立。

解散

第七十条

（1）中央协会在以下情况下解散：

（ⅰ）总会决议；

（ⅱ）进入破产清算手续；

（ⅲ）设立资质吊销；

（ⅳ）会员除名；

（ⅴ）除前项外其他相关事项。

（2）若厚生劳动省对基于前项理由解散不认可，则解散不生效。

清算人

第七十一条

前项第一号理由解散的情况下，清算人由总会选任；前项第三号理由解散的情况下，清算人由厚生劳动省选任。

财产的处理

第七十二条

（1）清算人确定财产处理方法，经总会决议后提交厚生劳动省审批。如总会未能决议或无法决议时，不再要求经过总会决议。

（2）按照前项规定清算人已确定财产处理方法的情况下，剩余财产应归属于推进职业训练及职业能力鉴定的中央协会及其他类似团体。

（3）前项规定的团体不存在的情况下，剩余财产归属国家。

决算相关文件的提出

第七十三条

（1）每事业年度，中央协会应在通常总会结束后一月内向厚生劳动省提出决算相关文件。

（2）中央协会在向厚生劳动省提出决算相关文件时，应添加监事对当事业年度决算相关文件相关意见。

报告

第七十四条

（1）必要时厚生劳动省可要求中央协会对业务情况进行汇报，或对职员进入事务所后对业务的影响情况、财务情况、书籍文件及其他物件进行检查。

（2）需要进行现场检查的职员需要向相关人员出示身份证件。

（3）第一项规定的现场检查权限，不能解释为犯罪搜查。

劝告

第七十五条

当厚生劳动省发现中央协会运营中存在违反法律法规、公司章程或不合理情况时，应劝告中央协会进行纠正，如果中央协会未能遵守劝告且未进行改善，可以酌情给予以下处分：

（i）责令暂停中央协会的全部或部分业务；

（ii）撤销设立认可。

援助中央协会

第七十六条

政府可以为中央协会开展业务提供必要的援助。

中央协会的职员和其他成员的保密义务

第七十七条

（1）按照第五十五条第二项规定，在进行中央协会管理的技能鉴定考试时，中央协会的管理人员或职员（包括中央技能鉴定委员）或负责类似职务的人员，不得泄露或盗用行使职责过程中获知的机密。

（2）从事中央协会开展的技能鉴定考试的管理人员或职员应视为从事公共服务的人员，适用刑法及其他罚则规定。

适用

第七十八条

第三十四条中涉及的中央协会的登记，应适用于：第三十七条、第三十七条第七款、第三十八条第三款第二项、第三十八条第四款及第三十八条第六款至第八款，以及《一般社团法人及一般财团法人相关法》

第四条及第七十八条涉及的中央协会的设立、管理及运营，第四十条第二款、第四十一条第二款、第四十一条第四款、第四十一条第五款、第四十一条第七款至第十款以及第四十二条第二款至第八款涉及的中央协会的解散及清算。此种情况下，第三十七条第二项、第三十七条第七款以及第四十二条第三款中"地方政府知事"可替换为"厚生劳动省大臣"，第四十一条第四款中"前条"可替换为"第七十一条"，第四十二条第二款第三项中"监督职业训练法人业务的地方政府知事"可替换为"厚生劳动省大臣"，同条第四项中"前项规定的地方政府知事按同项规定"可替换为"厚生劳动大臣按前项规定"。

第二节　地方职业能力开发协会

地方协会的目的

第七十九条

地方职业能力开发协会的目的（简称"地方协会"），是指为促进职业能力开发和提高的基本理念的实现，在地方区域内与当地政府密切合作，鼓励和改善第五条第一款所述的职业能力的发展（简称"职业能力开发"）。

法人资格

第八十条

（1）地方协会拥有法人资格。

（2）除地方协会外，任何组织名称中不得使用"职业能力开发协会"字样。

数量

第八十一条

各地方应建立一个地方协会，且应在其地方管辖的区域内建立。

业务

第八十二条

（1）为实现第七十九条中设定的目标，地方协会应实施以下业务：

（i）针对会员进行职业训练、职业能力鉴定以及其他职业能力开发相关业务的指导和联络信息；

（ii）向雇主和劳动者等提供职业训练和职业能力鉴定技术相关事项提供咨询和必要的指导和援助；

（iii）向雇主和劳动者等提供技能劳动者的信息；

（iv）在地方协会法人区域内，向参与由雇主提供的职业训练的个人提供培训；

（v）在地方协会法人区域内，发布职业训练、职业能力鉴定和其他职业能力开发相关事宜的信息和资料，并开展公共关系活动；

（vi）在地方协会法人区域内，开展职业能力、职业能力鉴定和其他职业能力开发相关事宜的调查和研究；

（vii）在地方协会法人区域内，提供职业训练、职业能力鉴定和其他职业能力开发国际合作相关事宜的建议和帮助；

（viii）除上述所列内容外，在地方协会法人区域内，开展任何促进职业能力开发的必要业务。

（2）除前款规定的业务外，地方协会应按照第四十六条第四项规定开展技能鉴定试验相关业务。

会员资格

第八十三条

（1）地方协会的成员应具备以下资格：

（i）在地方协会法人区域办公且从事职业训练或职业能力鉴定业务的雇主等；

（ii）在地方协会法人区域从事促进职业训练或职业能力鉴定业务且公

司章程指定的人员；

（iii）除上述所列两项外，公司章程指定的其他人员。

（2）无正当理由下地方协会不得拒绝前款条目中所列人员的加入，也不得在不合理条件下使其成为其成员。

发起人

第八十四条

设立地方协会，需要至少五名会员应作为协会发起人。

管理人员

第八十五条

（1）地方协会应设置会长一人，理事三人或更少，以及监事一人。

（2）除前项规定的理事和监事外，按照公司章程地方协会可设置兼职理事和监事。

（3）地方协会应设置顾问。

地方技能鉴定委员

第八十六条

（1）当地方协会开展第八十二条第二项规定的技能鉴定考试相关业务时，地方协会应将职业技能评估和其他技能相关事宜交于地方技能鉴定委员处理。

（2）当地方协会计划任命地方技能鉴定委员时，应按照厚生劳动省的规定，选任具备厚生劳动省规定资格的人员。

对地方协会的援助

第八十七条

（1）地方政府应向地方协会提供其开展业务所需的必要帮助。

（2）针对地方政府提供前项规定的援助，国家政府应提供相应补贴。

国家的援助

第八十八条

国家和地方政府应努力为地方协会提供便利，例如允许使用公共职业能力开发设施和其他适当的设施。

地方协会管理人员和其他成员的保密义务

第八十九条

（1）地方协会管理人或职员（包括地方技能鉴定委员），或曾经就职于这些职位的个人，不得泄露或盗用行使职责过程中获得的由地方协会开展的技能鉴定考试（第八十二条第二项规定）相关的任何机密。

（2）第八十二条第二项规定的从事地方协会开展的技能鉴定考试的管理人员或职员应视为从事公共服务的人员，适用刑法及其他罚则规定。

适用

第九十条

（1）第三十四条规定可比照适用于地方协会的注册登记，第三十七条、第三十七条第七款、第三十八条第三款第二项、第三十八条第四款、第三十八条第六款至第三十八条第八款、第五十八条、第六十条至第六十二条、第六十三条第三项、第五项（不包含理事长相关部分）、第六项和第八项（不包含理事长相关部分）、第六十四条、第六十五条（不包含理事长相关部分）、第六十六条第二项至第四项，第六十八条、第六十九条、第七十三条至第七十五条，以及《一般社团法人及一般财团法人相关法》第四条和第七十八条规定应对比适用于地方协会的设立、管理和运营，第四十二条第二款、第四十一条第二款、第四十一条第四款、第四十一条第五款、第四十一条第七款至第四十一条第十款、第四十二条第二款至第四十二条第八款、第七十条至第七十二条和第七十五条规定应对比适用于地方协会的解散和清算。此种情况下，第四十一条第四款中"前条"可替换为"第七十一条应对比适用于第九十条第一项"；第六十一条、

第六十二条第二项、第六十四条第二项、第七十条第二项、第七十一条、第七十二条第一项、第七十三条、第七十四条第一项和第七十五条中的"厚生劳动省"可替换为"地方政府";第六十二条第一项第九号中的"中央技能鉴定委员"可替换为"地方技能鉴定委员";第七十二条第三项中"国家"可替换为"地方"。

(2)地方协会的运营存在违反法律法规、公司章程或不合理情况时,厚生劳动省可指导地方政府,劝告地方协会纠正相关问题。

(3)第七十五条规定对比适用于第一项,厚生劳动省可指导地方政府提出本条各号所列项目的处分。

第七章　其他

地方设置审议会
第九十一条
(1)地方政府可建立审议会及其他审议机构以完成地方政府职业能力开发计划及其他相关事项的调查审议工作。

(2)除前项规定,有关审议会及合议制的必要事项应在条例中规定。

职业训练等许可培训的实施
第九十二条
在不阻碍业务开展的范围内,公共职业能力开发设施、职业能力开发综合大学以及职业训练公司按照下列项目提供职业训练或指导员培训。

(i)从事无须雇佣任何劳动者的定期业务的个人;

(ii)《家内劳动法》(1970年第60号法案)中第二条第二项规定的家内

劳动者；

（ⅲ）《出入国管理及难民认定法》（1951 年政令第 319 号）附表 1-4 中列出的留学或研修资格人员；

（ⅳ）除前三号所列外厚生劳动省规定的其他人员。

厚生劳动省的建议和推荐

第九十三条

为达到本法目的，必要时厚生劳动省可向地方提供公共职业能力开发设施的建立和运行、第十五条第二款第一项和第二项规定的涉及职业能力开发援助相关的建议和推荐。

国家承担的职业训练设施经费开支

第九十四条

按照政令规定，地方政府建立职业能力开发学校以及残疾人职业能力开发学校及所需设施和设备，国家承担一部分费用。

补贴

第九十五条

（1）除了前条规定外，同条规定的职业能力开发学校以及残疾人职业能力开发学校及运营所需费用，国家应向地方拨款补贴。

（2）按照政令规定，应在各地方受雇劳动者人数和求职者人数（包括中学、高等学校或中等教育学校毕业的求职者）的基础上，综合考虑职业训练的紧迫性和必要性，以及前款规定的职业能力开发学校以及残疾人职业能力开发学校运营相关的其他特殊情况，厚生劳动省决定前条规定的补贴的分配。

与《雇佣保险法》的关系

第九十六条

国有公共职业能力开发设施（残疾人职业能力开发学校除外）及职业能力开发综合大学的设立及运营、第十五条第六款第一条规定的职业训练的实施、技能鉴定的实施所需经费、第十五条第二款第一项和第二项（残疾人职业能力开发院校相关部分除外）、第十五条第三款、第七十六条及第八十七条第二项规定事项所需补贴，应按照《雇佣保险法》（1974年第116号法案）第六十三条规定的能力开发项目执行。

费用

第九十七条

（1）按照第四十四条第一项接受技能鉴定的人员以及第四十九条再次审查合格证书的人员，应缴纳一定的费用。

（2）按照《地方自治法》（1947年第67号法案）第二百二十七条规定，各地方政府可向接受技能鉴定（按照第四十六条第四项规定由地方政府协会实施的技能鉴定）的人员收取费用。

报告

第九十八条

为促进本法目的的达成，厚生劳动省及地方政府应要求实施职业训练认定（包括第二十七条第二款第二项及第二十四条第一项规定的有鉴定资格的指导者的培训）的主体对职业训练认定相关事项进行报告。

厚生劳动省令的委任

第九十九条 第一款

除本法规定外，实施本法所需的程序和其他相关事情由厚生劳动省令规定。

第八章　罚则

第九十九条　第二款

违反第二十六条第六款第五项规定（同时适用《职业安定法》第四十一条第二项规定）业务停止命令的，对培训负责人及从事人员处以一年以下有期徒刑或一百万日元以下罚金。

第一百条

具有以下行为者，处以六个月以下有期徒刑或三十万日元以下罚金：

（1）未完成第二十六条第六款第四项规定告示的培训负责人及从事人员；

（2）未遵照第二十六条第六款第五项规定（同时适用《职业安定法》第三十七条第二项规定）人员；

（3）违反第二十六条第五项规定（同时适用《职业安定法》第三十九条或第十条规定）人员；

（4）违反第四十七条第二项规定泄露机密的人员；

（5）违反第七十七条第一项或第八十九条第一项规定泄露或盗用机密的人员。

第一百零一条

未完成第四十八条第一项规定的报告、提交虚假报告、拒绝或干涉检查、回避检查，具有以上行为的指定考试机构的负责人或职员，处以三十万日元以下罚金。

第一百零二条

有以下行为者，处以三十万日元以下罚金：

（1）违反第二十六条第五款第二项的；

（2）未按照第二十六条第六款第五项（同时适用《职业安定法》第五十条第一项）规定提交报告，或提交虚假报告的；

（3）未按照第二十六条第六款第五项（同时适用《职业安定法》第五十条第二项）规定拒绝或干涉检查、回避检查、拒绝回答质疑问题或提供虚假陈述的；

（4）未按照第五十条第三项规定，在技能师头衔停止使用期间违反命令擅自使用技能师头衔的；

（5）违反第五十条第四项规定的。

第一百零三条

违反第七十四条第一项（同样适用第九十条第一项的情况）规定未能提交报告或提交虚假报告，或违反第七十四条第一项规定拒绝或干涉检查、回避检查的中央协会或地方政府协会的负责人或成员，处以三十万日元以下罚金。

第一百零四条

法人代表、法人资格代理人、员工或其他业务相关人员，违反第九十九条第二款、第一百条第一款到第三款、第一百零二条第一款到第三款或其他前项规定者应接受惩罚，此外法人个人按照本条规定应承担罚金。

第一百零五条

指定考试机构人员违反第四十七条第四项规定，处以五十万日元以下罚款。

第一百零六条

中央协会或地方政府协会的创办人、成员及清算人存在以下行为，处以二十万日元以下罚款：

（1）违反第五十五条或第八十二条进行规定业务范围以外的业务；

（2）违反第五十七条第二项或第八十三条第二项规定的；

（3）违反第六十八条第一项（同样适用第九十条第一项）规定，未能按规定保管文件的；

（4）违反第七十二条第一项（同样适用第九十条第一项）规定，未获取到许可进行财产分配的情况；

（5）违反第七十三条（同样适用第九十条第一项）规定的情况；

（6）违反第七十五条第一款（同样适用第九十条第一项）劳动厚生省规定的情况；

（7）违反第七十八条、第九十条第一项或第三十四条第一项规定的；

（8）申请破产手续时违反第七十八条、第九十条第一项、第四十条第二款第二项或第四十一条第十款第一项规定的；

（9）未能按照第七十八条、第九十条第一项、第四十一条第八款第一项或第四十一条第十款第一项规定进行公告或发布错误公告的；

（10）违反第七十八条、第九十条第一项或第四十二条第二款第二项规定，妨碍裁判所检查的；

（11）事业报告书、借贷对照表、收支决算书及财产清册中的记载事项不全或不真实的情况。

第一百零七条

当存在以下行为时，对职业训练法人的成员或清算人处以二十万日元以下罚款：

（1）违反第三十三条或第九十二条进行规定业务范围以外的业务；

（2）违反第三十条第一项规定的；

（3）违反第三十九条第三项规定，未能出具报告或出具虚假报告的；

（4）违反第三十七条第二款第一项规定，未能妥善管理财产清册的；

(5)违反第三十九条第二款第二项或第四十二条第二款第二项规定，妨碍地方政府或裁判所检查的；

(6)申请破产手续时违反第四十条第二款第二项或第四十一条第十款第一项规定的；

(7)未能按照第四十一条第八款第一项或第四十一条第十款第一项规定进行公告或发布错误公告的；

(8)未按照第四十二条第二项或第三项规定获取财产处理许可的；

(9)财产清册中的记载事项不全或不真实的情况。

第一百零八条

违反第十七条、第二十七条第四项、第三十二条第二项、第五十三条第二项或第八十条第二项规定的人员（法人或其他团体的情况下针对代表人）处以十万日元以下的罚款。

附则

施行日期

第一条

本法（以下简称"新法"）于1969年10月1日起施行。第六章、第一百零三条至第一百零六条以及第一百零八条（限与第六十七条第二项及第八十七条第二项相关部分）规定自公布之日起施行。

法律的废除

第二条

《职业训练法》(1958年第133号法案)废除。

职业技能鉴定相关的过渡措施

第三条

新法第十二条第一项规定对1970年4月1日以后通过高等培训课程人员适用。

公共职业训练设施相关的过渡措施

第四条

（1）附则第二条规定废除的《职业训练法》（以下简称"旧法"）第五条至第八条规定的一般职业训练机构、综合培训机构、职业训练大学或残疾人职业训练机构对应新法第十五条至第十八条规定中的专业职业训练学校、高等职业训练学校、职业训练大学或残疾人职业训练学校。

（2）新法第十九条第一项规定的由地方政府或自治区设立的高等职业训练学校暂时按照新法第十六条第一项及第十五条第一项第一号所列业务进行管理。

（3）新法施行期间，按照旧法第八条第二项规定接受的委托任务视同新法第十八条第二项规定的委托任务。

职业训练鉴定相关的过渡措施

第五条

新法施行期间，按照旧法第十二条第一项（自治区相关认可除外）、旧法第十五条第一项或第十六条第一项已获取认可的高等培训课程视同新法第二十四条第一项认可规定。

职业训练指导员许可相关的过渡措施

第六条

（1）按照旧法第二十二条第一项规定获得许可的，视同按照新法第二十八条第一项规定获得许可。

（2）按照旧法第二十三条第一项或第二项规定撤销许可的，视同按照新法第二十九条第一项或第二项规定撤销许可。

第七条

（1）新法施行期间，按照旧法第二十五条第一项规定接受技能鉴定视同有效。

（2）按照旧法第二十五条第一项规定技能鉴定合格的人员，视同按照新法第六十二条第一项规定技能鉴定合格。

名称使用限制的过渡措施

第八条

（1）新法公布期间，名称中使用"中央技能鉴定协会"或"地方技能鉴定协会"字样的机构，按照新法第六十七条第二项或第八十七条第二项规定，在新法公布六个月后不再适用。

（2）新法施行期间，名称中使用"专修职业训练学校"、"高等职业训练学校"、"职业训练大学"、"残疾人职业训练学校"、"职业训练法人"、"职业训练法人联合会"或"职业训练法人中央会"字样的机构，或使用"技能师"字样的人员，按照新法第二十二条、第三十二条第二项、第四十四条第二项或第六十六条第二项规定，在新法施行六个月后不再适用。

职业训练审议会相关的过渡措施

第九条

旧法第三十三条或第三十二条规定的中央职业训练审议会或地方职业训练审议会，各自按照新法第九十五条或第九十九条规定成为中央职业训练审议会或地方职业训练审议会。

附件2

第十次职业能力开发基本计划——面向提高生产率的人才培养战略

第一章 总述

一、计划目标

时隔25年,日本经济再次迎来了良好的发展。为了保持这一发展趋势,并寻求经济再次加速发展,需要打破人口减少带来的经济发展制约,使经济踏上持续发展的轨道。为此,提高每个劳动者的价值创造力,进而提高生产率是必不可少的。在每个劳动者的职业生涯中进行全过程的职业能力开发,提高劳动者能力并创造发挥劳动者潜能的环境也至关重要。

随着社会经济的变化、全球化的深入,以及传统的IT技术到物联网、机器人、大数据、人工智能等的技术进步,外加经济服务化带来的产业结构变化和访日游客的增加等带来的国际化等背景下,投资环境和就业环境也在发生急速变化,今后对劳动者的技能需求也会发生极大的变化。因此,这要求我们在明确把握经济发展方向的同时,为应对人才需求的变化制定灵活的职业能力开发政策。此外,考虑到地方经济的增长是我国经济增长的重要支撑,进一步活跃地方经济对我国整体经济增长也起着至关重要的作用。

在制定职业能力开发政策时,要把企业中的职业能力开发作为基本,立足社会经济趋势的变化，强化以支援事业主及劳动者的自主开发为目的的政策。强化职业训练制度和职业能力评价制度等劳动力市场基础制度，建立包括国家和都道府县在内，企业、民间教育培训机构、学校等有机结合的职业能力开发政策。

在制定第九次职业能力开发基本计划时，在严峻的雇佣形势下，谋求强化对非正规雇佣者发挥雇佣安全网作用的能力开发的同时，将推进预测为未来成长领域的人才培养作为今后的方向，根据上述目标推进各政策的实施。这一系列的措施，今后仍非常重要。另外，随着人口急速减少、IT等技术的进步、全球一体化的发展等社会经济的变化，为使得我国经济能有强有力的发展，不仅要延续以往措施，更重要的是通过彻底强化我国整体的人才培养功能，为经济发展储蓄人才资本，提高生产率。

综合上述观点，本计划可定位为提高每个人的能力，并建立使其能力得到充分发挥的全民参加型社会以及实现人力资源的最佳配置，使我国经济得到量的扩大和质的提升的"面向提高生产率的人才培养战略"。此外，伴随着社会经济形势的变化，本计划的实施期间中如果出现需要补充新政策的情况，会根据计划的宗旨进行灵活调整。

二、计划期间

本计划的实施期间为平成28年（2016年）到平成32年（2021年），共计5年。

第二章　围绕职业能力开发的社会经济变化

一、近年劳动力市场的变化

当前日本经济正在缓慢的恢复中，特别是雇佣形势得到切实改善，2016年1月的有效求人倍率为1.28，是24年以来的最高值，完全失业率则维持在较低水平，为3.2%。各行各业都普遍出现用工短缺的情况，特别是建筑业、运输业、邮政业、医疗业、社会福利业、批发零售业、酒店餐饮业等行业，满足这些行业的劳动力供给成了一项重要任务。通常，雇佣情况得到改善时，待遇上升带来的自愿流动会增多。因此，为推动经济持续发展，满足劳动者流动及职业转换的需求，为需要开发、提高职业能力的劳动者提供机会非常重要。

二、劳动力需求结构的变化

全球化的深入发展，物联网、机器人、大数据、人工智能等技术的进步，以及经济服务化带来的产业结构变化和访日游客的增加等带来的国际化等背景下，劳动力需求也发生了结构性的变化。从长期的产业结构变化来看，产业重心从农林渔业等第一产业及建设业、制造业等第二产业，转移到服务业等第三产业，伴随着经济服务化的发展，在老龄化的背景下，医疗业、社会服务业的就业者将会增多。

此外，受IT技术进步的影响，重复性作业较多的工作的劳动需求将会减少，相反对于技术上无法被代替的工作的需求将会变多。从职业分类来看，就业者比率的变化，制造工程、劳务作业的从事者占就业者整体的比例下降，同时管理职、专门技术职及服务业从事者占就业者整体的比例则有所增加。再者，仅从正规雇佣劳动者的具体情况来看，信息处理、通信技术人员，社会福利专门职，保健师、助产师、看护师，护理服务等职业就业者增多。为应对技术进步引起的劳动力需求变化，加大对劳动者的培养则至关重要。与欧美各国相比，我国的劳动生产率处于较低的水平，所以提高劳动生产率成为当前的主要任务。而且与美国相比，我国各产业总体来说 IT 投资水平较低，还有通过增加 IT 投资来提高劳动生产率的空间。

此外，考虑近年来在劳动生产率分析中备受瞩目的无形资产[①软件等"信息化资产"；② R&D（研究开发）等"创新财产"；③人力资本投资等"经济竞争力"三部分构成]，通过劳动生产性的因素分解进行分析，可以看出我国的无形资产投资对经济成长的贡献与欧美各国相比较小，在无形资产投资中，特别是对于包含人力资本投资在内的"经济竞争力"的投资比例较小。进一步将"经济竞争力"分解为"企业进行的人力资本投资"和"其他人力资本投资"来看，我国的"企业进行的人力资本投资"和主要国家相比较少。另外，该项投资的比例有继续走低的倾向，这说明作为我国未来发展基础的人力资本恐怕并未得到开发和积累。再观我国教育培训费用的变化，民营企业中教育培训费在除去现金薪金之外的劳动费用中的所占比例，20 世纪 80 年代一直上升，但 90 年代之后则有下降或持平的趋势。另外，分析不同雇佣形式中在岗培训和脱产培训的实施情况，发现非正规雇佣劳动者与正规雇佣劳动者相比缺乏任何一种能力开发的机会，因此确保非正规雇佣劳动者获得能力开发的机会仍然非常重要。综上所述，我国的 IT 投资和人才资本投资与外国相比都过少，为了增强产业成长力，需要同时加强以上两类的投资。同时，在努力增加 IT 投资时，也需要培养可以熟练运用 IT 技术的人才。

从企业对人才培养的态度来看，调查结果显示，为增强企业竞争力，增强对劳动者的能力培养和开发成为共识。另外，在推进有效利用非正规雇佣劳动者的背景下，可以推断实际情况下每人的平均教育培训费用在减少，因此更需要一些政策，来督促各企业对更广泛范围的劳动者进行人才培养投资。

三、劳动力供给结构的变化

伴随着少子和老龄化的发展，我国人口从 2008 年的 12808 万人的顶峰期进入减少期。因此，应主要靠提高每个劳动者的劳动生产率，而不是靠增加劳动力供给量推动经济发展。

从男女的就业率变动趋势来看，25—54 岁青壮年男性的就业率有下降的趋势，55—64 岁男性近年来的就业率却有所升高。从就业意向的国际比较来看，我国高龄者的就业意愿较强，需要推进提高高龄者就业率的措施。另外，25—64 岁所有年龄层的女性的就业率都有上升趋势，其重要原因是经济服务化的发展对女性的劳动需求相对变多，同时有更多女性开始进入劳动力市场。女性的非劳动力人口中有就业意向的增加到了 303 万（2014 年），鉴于潜在女性劳动力人口的规模，通过促进女性的就业率来促进我国经济成长的余地还很大。

从劳动者的平均工龄来看，男女都有长期化的趋势。随着高龄者雇佣的发展，可以预见今后每个人的职业生涯将会延长，所以在整个职业生涯中充分发挥个人能力的环境非常重要。

雇佣形态方面，长期来看，正规雇佣劳动者受到人口减少的影响稍微有所减少。另外，在经营不确定性的增大及 IT 等技术进步的背景下，劳动力需求方正在推进非正规雇佣劳动者的有效利用，同时也有部分劳动者希望可以结合自己的生活方式而工作，选择短时间劳动等非正规雇佣。因此，长期来看，非正规雇佣劳动者的人数将有所增加。此外，从啃老族人数的变动来看，现在虽然受到经济情况好转的影响而稍有减少，但整体水平仍然偏高。自由职业者的人数从 2009 年之后的 180 万左右，减少至 2015 年的 167 万。残障人士方面，新求职申请数有所增加，为了实现适应残障人士的特点和需求的就业，需要继续推进相关环境的完善。

关于劳动者自我能力开发和提高的情况，从正式员工和非正式员工分别来看，正式员工努力进行自我提高的比率相对较高。但是，较多的正式员工和非正式员工都反映在自我提高方面存在问题。原因为"工作太忙没有余力进行自我提高"，"费用过高"，"忙于家务、育儿没有余力进行自我提高"等，除此之外，约两成的人认为"不知道什么样的方式适合自己心目中的职业发展"。综上所述，正式员工、非正式员工都存在受到时间及费用制约的问题，这也说明在采取措施缓解以上制约的同时，对不知道合适的课程和职业发展的劳动者进行支援也同样重要。

第三章　职业能力开发的方向

根据第二章阐述的职业能力开发相关的社会经济变化，可从以下的几个观点出发，推进我国今后的职业能力开发。此外，在推进根据本计划制定的政策时，应设定适当的目标，并跟踪把握推进情况。

一、面向提高生产率强化人才培养

为了持续培养有助于维持、提高我国劳动劳动生产率的人才，应有效利用国家、企业、民间教育培训机构、学校等教育培训资源，谋求我国整体的人才培养机制的根本性强化。特别是有效利用提高我国劳动生产率的关键 IoT 技术，强化、加速可创造新产品及服务的 IoT 人才培育措施。此外，为了提高我国在全球化市场里的吸引能力，除增加设备投资，积极致力于全球化人才的培养和新成长领域的人才培养等也很重要。

我国支柱产业，即拥有国际竞争力的制造业领域，也需要可以应对 IT 等技术进步的技能，伴随技术进步和经济服务化的发展，也非常有必要开发新的职业训练课程和培训方法。为此，强化我国经济基础的制造业的人才培养自不必说，在以对人服务领域为首的制造业以外的其他领域，也应该谋求重点化发展。另外，随着经济环境的变化，企业面临大规模的结构调整、产业状态的变革，在长期雇佣体系发生变化和非正规雇佣劳动者的增加等现实情况下，明确人才培养的方向，并持续跟进将会变得困难。在这种状况下，企业的人才培养投资可能会进一步缩小，考虑到企业在我国人才培养中的重要作用，应该特别致力于强化促进企业内部的人才培养投资。

另外，促进劳动者的自主能力开发也变得更加重要，由于劳动力市场不确定性的增加，对劳动者来说，确定自主能力开发的方向和进行积极投资变得越来越困难。此外，作为一种劳动方式的变化，随着职业生涯的长期化，劳动意识也变得多样化。比如，劳动者开始产生不是"找公司"，而是"找工作"的思考方式的变化，形成在整个职业生涯过程中形成持续的自我提高这种观点变得很重要。职业能力的开发、提高，也关系到劳动者自身的待遇改善，所以促进企业人才培养的同时，也应采取措施使劳动者在职业生涯中主动进行能力开发。

二、面向"加速实现全民参加型社会"，推进满足女性、青年、中高龄者、残障人士等各类人群特点及需求的职业能力全面提升

为了提高女性、青少年、中高龄者、残障人士等所有劳动者的能力，并加速实现使其充分发挥能力的"全员参加型社会"，需要通过提供适合每个人的特点和需求的职业能力开发机会，谋求每个人能力水平的全面提升。

女性作为潜在劳动力是推进经济成长的重要力量，女性参与率高对社会的可持续性以及家庭的经济安定都是必不可少的。因此，需要为女性提供职业能力开发的机会，使男女一起工作，共同承担家务、育儿等。无论是遇到结婚、生子、育儿、看护等何种人生大事，只要女性希望就要使其能够继续工作。

对于支撑我国未来发展的青少年来说，在校期间、从学校进入职场的转型期以及就职后和转职期，在各种各样的阶段都有必要致力于促进其在企业内外进行职业能力开发。此外，对于自立有困难的啃老族等，强化与学校等相关机构的合作，谋求无缝联结支援很重要。

在职业生涯长期化趋势下，需形成使劳动者在整个职业生涯都能发挥能力的环境，那么对劳动者进入高龄期之前进行职业设计和能力开发变得尤其重要。在职业生涯的关键点，需要在企业内外提供职业生涯咨询等，通过公共职业训练等支援中高龄期的职业能力开发很有必要。

为了实现即使有残障也可以像普通人一样，通过从事符合其能力和适应性的工作，在本地区实现自立生活，有必要创造适应残障者的残障特点和需求的社会环境。

在非正规雇佣劳动者中，对于应届毕业时处于就业低潮期，非出于本意走上非正规雇佣道路的劳动者来说，缺少职业能力开发机会是一个严重的问题。因此，应通过对这些劳动者提供持续性支援来提升其职业水平。

三、结合产业界的需求及地方特色推进人才培养

我国经济成长的大部分贡献都来自地方经济的成长，所以谋求地方经济的进一步活跃对我国的整体发展非常重要。在此之际，由于发挥地方特色的产业化备受期待，因此有必要比以往更加细致地连接各种主体形成有机网络，发挥各个地方的特色，根据地方产业需求进行人才培养。通过这些措施，提高地方每个劳动者的劳动质量，进而提升地方经济"吸金力"。

四、为实现人力资源最佳配置，战略性完善劳动力市场基础制度

在经济社会环境急速变化中，为了让每个劳动者发挥最大的能力，实现人才的最佳配置，职业训练制度和职业能力评价制度就像汽车的两轮缺一不可，重要的任务是培养支撑以上制度的职业咨询师人才，综合完善作为支援工具的工作卡片等能力开发手段，依据政策目的和目标有效地实施，实现劳动力市场基础制度的战略性完善发展。

在开展工作时，重要的是在洞察未来经济社会和就业结构变化的基础上，用中长期的观点把握、分析我国的人才需求，战略性地推进今后 5 年的职业能力开发工作。

此外，在灵活应对以 IoT 为首的 IT 技术进步等的同时，鉴于经济服务化的发展需重点培养对人服务领域的人才，转变职业训练课程、手法等开发方式也是重要的任务。

从劳动者职业规划形成的观点出发，提前着手应对未来经济社会和就业结构的变化十分重要。为此，为实现劳动者自主进行职业规划、自主进行能力开发，有必要进一步完善相关支援措施。

再者，在实施职业训练时，需要考虑到产业界和地方的需求，由国家发挥协调的作用，实现都道府县、培训实施机构、产业界等相关部门的有机结合。

此外，为青年、女性及就业困难者等提供适应对象多样性的培训机会的同时，从培训服务提供的效率化的观点出发，活用 e-learning 等，进行新的职业训练课程、手法的开发和技术的积累极为重要。

根据职业能力评价制度，推进劳动者的职业能力"可视化"，有助于实现产业界需求的能力和劳动者所具有的职业能力的顺利匹配，又可以通过实现人才的最佳配置带来产业整体的劳动生产率提升。此外，在企业内通过实施适当的能力评价，既可以推进企业内的人才最佳配置，又可以使劳动者的能力得到最大限度的发挥，进而促进企业的可持续发展。

此外，对企业、劳动者的职业能力开发措施，是对未来成长的投资，在设计职业能力开发政策制度时，重要的是意识到该设计是否能在市场中促进企业、劳动者的投资行为。

第四章　职业能力开发的基本措施

一、面向提高生产率强化人才培养

（一）IT 人才培育的强化、加速化

我国被指出，对提高企业附加价值起到作用的 IT 投资过小，因此不仅要促进扩大对 IT 的投资，还有必要强化、加速能够发挥 IT 潜力的人才培养。具体来说，劳动者接受 IT 领域的教育培训，有利于中长期职业规划的形成，进而可以促进雇佣和职业的稳定性。因此为了支援劳动者自发学习 IT 技术，需要在专业实践教育培训给付制度等方面扩充 IT 领域的讲座。

此外，为了在企业内培养高层次 IT 人才，需要通过职业规划形成促进补助金、IT 业界和企业协作的雇佣型培训等措施，来推进人才培养。另外，为了实现 IT 人才量的扩大，要努力在针对离职者的公共职业训练中，设定 IT 领域相关培训的弹性运用和有效的培训课程。

（二）推进劳动者为主体的职业规划形成

为了从容应对经济社会环境的变化，重要的是每个劳动者自主职业规划，并确保其有机会定期确认自身能力开发的目标和学到的知识、能力、技术。根据《勤劳青少年福祉法部分修订法》（2015 年法律第 72 号）做出的《职业能力开发促进法》的部分修订（1969 年法律第 64 号）中（以下称为"改正法"），将以劳动者为主体进行的职业生涯设计，开发、提高职业能力规定为个人义务。同时也通过法律规定建立了职业咨询师登录制度，以应对劳动者的咨询并给予建议和指导。今后，有必要有效利用国家资格化的职业咨询师的职业咨询、工作卡片、教育培训给付制度等，来促

进劳动者为主体的能力开发。

具体来说，职业咨询师方面，应该在继续保证质量的同时，进行有计划的培养。同时，推进有效利用工作卡片进行工作咨询。并且采取措施提高适应各个职业领域要求的职业咨询师的专业性，并及时解决劳动者个人和企业等面临的问题。此外，为了使劳动者在职业生活的关键节点获得定期职业咨询的机会，需要推进引入自我职业体检，制作引进指南、对引进并实施的事业主进行支援，并广泛宣传成功事例。

另外，为了推进有助于提高劳动者职业水平的提高的教育培训给付制度，除了进行更深入的通知、宣传针对专业实践教育培训给付制度，还要通过与有关政府部门的合作，从质和量两方面充实讲座。比如，开发劳动者可一边在职一边参与课程的高质量课程，并在制度开始后 3 年左右，依据该制度的进展等进行综合性探讨和修正。

（三）强化企业、业界人才培养

确保劳动者在参加工作的同时，有机会参加计划性的 OJT、OFF-JT 以及进行自主职业能力开发，这对于实现劳动者的实践性职业能力开发是很重要的。

为此，企业有必要进一步深入认识人才培养的重要性和必要性，在企业亲自进行人才培养的同时，站在企业的角度支援、推进劳动者的自主职业能力开发。此外，从中长期视角出发，探讨推进产业人才培养措施，确保青少年参加培训的机会，推进劳动力不足的产业的人才保障。

具体来说，应将重点放在有成长潜力的领域和劳动力不足的领域，通过劳动者的能力开发提高生产率，实现国际化人才的培养等。通过职业规划形成促成补助金和职业能力提升补助金确保培训机会，实现上述补助金手续的简洁化，通过通知、宣传进一步促进企业内及产业的人才培养。

另外，为了推进劳动者的自主职业能力开发，应对引入教育培训休假制度和教育培训短时间工作制度的企业进行支援。此外，OJT 和 OFF-JT

组合的雇佣型培训是一种根据业界等的人才培养任务进行的,有助于帮助劳动者迈入职场,对于年轻人有很好的效果,应该通过扩大对事业主的支援等进一步推进其实施。

对于为激活民间力量的认定职业训练制度,为确保以建筑业等人才不足产业为主的产业的青年劳动力,应通过扩充对积极进行培训的事业主等的支援,来推进其有效实施。除此之外,关于设备、培训指导员、培训技术、资金等方面,在单个企业实施困难的制造领域等的职业训练,根据中小企业的需求,应个别而有效地向企业派遣量身定做的定制型在职者培训和培训指导员。

二、面向"加速实现全民参加型社会",推进满足女性、青年、中高龄者、残障人士等各类人群特点及需求的职业能力全面提升

(一)以促进女性就业为目的的职业能力开发

随着经济社会的发展,在职业能力开发政策方面,重要的是采取提高女性参与率的措施,有必要针对女性多样的需求,采取细致的对策。

为了顺利推进育儿女性再就业,应在公共职业训练中设计短时间培训课程,并在女性接受培训时提供托儿支援服务等。此外,以 Hello Work 为中心,针对单亲家庭中的母亲,及因生产、育儿、看护等原因离职在就职上有空白期的女性,确保其参加职业咨询的机会,针对每个人的情况,积极提供职业能力开发的机会。

(二)青少年的职业能力开发

为了让每个青少年形成长期的职业规划,担负未来发展的责任,有必要根据每个人的状况实施有助于实现就业和提升职业水平的职业能力开发政策。

具体来说,应从包括初等中等教育的学校阶段开始加深青少年对各种职业的理解,使其在就业之前的阶段拥有适当的职业意识。不仅要和学校等有关机关合作,支援儿童、学生等参加职场体验,还要推进手工制作

体验、技能讲座、"制造职人"等进行的实际技能指导。此外，为支援青少年形成职业规划，应通过自我职业体检等措施确保其接受职业咨询的机会。

对于缺少就业经验的青少年，应通过有助于获取就职必要技能的日本版双重系统[①]和雇佣型培训等来推进面向青少年的培训。另外，对大学毕业生的公共职业训练，应该充实进一步提高就业率的措施。

对于啃老族青年，为防范其未来生活陷入困境的风险，实现经济上的独立，支撑地区社会发展，需要支援地区青少年支援站与地方自治体实行面向职业自立的专业面谈咨询，还要通过与学校等有关机构合作，强化无缝隙支援。对于难以利用公共职业训练和地区青少年支援站的高中退学人员，为满足他们潜在的支援需求，应利用有关关系网进行进一步的通知。

为了顺利完成从学校生活到就业的过渡，需要培养进行职业规划教育的专门人才。为此，应该有效利用劳动行政至今为止积累的工具和技术，与有关机构合作，培养职业咨询师等进行职业规划教育的人才。

（三）中高龄者职业能力开发

当前，社会人口减少，有必要为具有高就业意愿的高龄者扩展活跃舞台，实现可发挥中高龄年龄层强项的职业能力开发，还要推进实施希望实现职业转换的中高龄者的职业能力开发。为此，为使中高龄者能够充分发挥多种多样的经验和熟练的技术、技能，支援中高龄的职业规划形成，应该通过自我职业体检等措施，确保其从青少年期开始就有持续参加职业咨询的机会。

此外，从加强在职职业能力开发的必要性的观点出发，确保通过职业规划形成促进补助金确保雇佣劳动者参加培训的机会，对谋求进一步提升技能的在职者进行培训，还要对实行雇佣型培训的事业主进行支援。

---

① 通过结合职业技能开发促进中心及职业技能开发高等院校的讲座和实习培训以及企业实习的职业培训，培养掌握实际技能、技术人才的培训系统。

再者，对于期望在全新的领域就业工作的中高龄者，应该授予其已有的经验、能力之外不足的知识和技能，同时实施经验交流会等，包含支援准备在内的面向再就业的新的职业训练课程等。

（四）促进残障人士职业能力开发学校的招生，提供考虑到各类残障特征的职业训练机会

近年来，Hello Work 中残疾人求职者的人数年年增加，为了实现其成功就业，有必要根据残障者的残障特征和需求，完善相关环境。为此，难以进入一般公共职业能力开发设施的重度残障者，可进入可接受残障者的职业能力开发学校进行职业训练，根据残障者的情况进行多样的委托培训、面向残障者的双重培训等，应研究促进残障者的雇佣的方法。

此外，应以都道府县、独立行政法人高龄和残障求职者雇佣支援机构（以下称为"高障求机构"）、都道府县劳动局及 Hello Work 为中心，推进与地区的雇佣、福祉、教育、医疗保健和经济团体等有关机构的合作制度。

另外，应实施全国残障者技能竞技大会（ABILYMPICS），实现每个残障者职业能力的提升，同时加深企业和社会普通人士对残障人士的认识和理解，促进残障者雇佣。在一般公共职业能力开发设施中要推进无障碍化，在促进残障者入学的同时，强化对残障者的支援体制。

（五）非正规雇佣职工的职业能力开发

对于难于享受企业内能力开发机会的非正规雇佣劳动者，有必要继续促进以企业为主体的人才培养。此外，对于以提升职业水平为目标的非正规雇佣劳动者来说，其自主职业能力开发也非常重要。

为推进非正规雇佣劳动者向正式员工的转变，应确保其通过利用职业提升补助金获得职业训练的机会，并进一步简化补助金手续、强化通知宣传工作。此外，作为能使缺少正规雇佣经验的劳动者得到安定雇佣的有效政策，应推进雇佣型培训的进一步实施。为促进已离职非正规雇佣劳动者

的再就业，应利用求职者支援培训等进行职业能力开发。在确保非正规雇佣劳动者获得职业咨询机会的同时，对以职业水平提升为目标的非正规雇佣劳动者，应进一步丰富支援方法。

三、结合产业界的需求及地方特色推进人才培养

各地的产业结构和资源等各有不同，因此有必要根据产业和地方的需求来实施职业训练。

因此，为了根据地方需求，让处在不稳定就业状态的年轻人实现稳定就业，需要在地方通过产学官联合构筑地方联盟，推进更有可能提高就业率的职业训练课程的开发事业。此外，为推进地方创意的人才培养，应支援能够对应企业和地方多种多样需求的新人才培养计划的开发。

另外，为掌握多样的产业需求，在地方培训协商会议中，应探讨更有效果的掌握需求的方法，切实进行地方培训业绩的跟踪和分析。同时，如有需要，可联合职业训练相关规模较大的产业的有关人员共同参与企划，制定能够反映产业界和地方需求的职业训练的实施课程及培训规模。

为了实现教育培训机构和职业训练机构的合作，实施发挥各自特性的培训，可以强化职业能力开发大学，短期大学和工科教育机构之间互相派遣教师、培训指导员等的合作。

四、为实现人力资源最佳配置，战略性完善劳动力市场基础制度

完善的劳动力市场可以实现人力资源最佳配置和使每个劳动者的能力得到最大限度发挥。作为实现这一目标而开展的具体措施，需要在把握中长期人力资源需求的基础上，根据其需求实施保质保量的职业训练，同时提高劳动力市场的匹配度，完善企业内劳动者职业能力评价制度。

（一）立足中长期人力资源需求的人力资源培养战略

我国的劳动人口未来将出现急速减少的情况，因此有必要认清我国的产业、职业机构的中长期变化，把握未来必要的人力资源需求。

（二）立足各产业及地方需求，实施公共职业训练等

目前，对于都道府县和民间教学培训机构难以进行准确及确实实施的制造业等领域的职业训练，国家（实施主体为高障求机构）利用其规模优势进行实施，都道府县根据地方产业界的人力资源需求实施职业训练，民间教育培训机构在护理领域和信息通信领域实施职业训练。但随着产业结构的变化、非正规雇佣劳动者的增加，作为雇佣的安全网，有必要确保具有各种各样的需求、情况的离职者获得相应的培训机会，切实实施公共职业训练。

1. 综合培训计划的制定

为了从公共职业训练整体出发设定有效的职业训练课程，应根据2016年计划，由国家及地方整合公共职业训练及求职者自愿训练的实施计划，制订一体化综合计划。

2. 充实公共职业训练

为充实和强化制造业关联的IT相关员工的训练课程，需要进行培训需求的调查和研究，在高障求机构和都道府县的职业能力开发设施探讨实施在职者的培训。此外，对于由于育儿、护理等原因难以在培训设施参加课程的求职者，需扩展职业训练受训方法的选项，探讨通过e-learning等进行培训。

3. 公共职业训练

为对应产业结构的变化、技术革新及求职者需求的多样化，应进行面向新成长领域、人手不足领域就职的职业训练课程的设计，根据企业人才需求变化设定实现稳定就业的职业训练课程，同时根据每个人的职业生涯规划，从培训开始前到参加培训中都要实施恰当的职业咨询，从而有利于劳动者进行职业选择。

此外，伴随着技术进步和经济服务化的发展，新的培训领域的开发和实施变得必要，高障求机构应该率先筹划制订教学计划，同时向全国的公

共职业能力开发设施、民间教育培训机构积极普及优质的教学计划，促进其有效利用。

另外，对于制造业领域的人才培养，不仅要进行习得制造业基本技能的职业训练，还要进行对应最尖端科技革新和全球化的人才培养的职业训练。

4. 求职者支援培训

为推进提供"加速实现全员参加型社会"中女性和青少年的职业能力开发机会，对于缺少就职经验的劳动者、多次反复非正规雇佣和离职的劳动者，进行能够习得必要基础能力的职业训练，和实施可以在劳动力不足行业、用人需求高的职种就业的实践性培训。同时，对于因为生产、育儿、看护等原因长期远离职场的劳动者，实施有助其早期回归职场的职业训练。此外，要根据每个人的职业生涯规划，从培训开始前到参加培训中都实施恰当的职业咨询，从而有利于劳动者进行职业选择。此外，需要确切掌握各地企业和求职者对于培训的需求，根据该地域的需求设定职业训练内容，同时根据需求进行修改。

5. 确保、提高职业训练服务的质量

为了确保和进一步提高培训的质量，对于依据 ISO29990：2010（非正规教育与培训的学习服务提供者基本要求）制定的《民间教育培训机构的职业训练服务方针》，应根据实际情况重新修订其内容，并努力多进行进一步普及开发。

具体来说，包括促进参与高障求机构实施的研修、宣传培训机构的先进做法、探讨根据指导方针开展活动的优良培训机构的认定批准（框架）等，推进民间教育培训机构采取提高职业训练质量的措施。

此外，为确保稳定、持续培养未来的训练指导员，应以职业能力开发综合大学为中心，设定多样的教学计划，对于拥有各种经验的人才，根据其知识、技能、经验等实施指导员培训。特别是为了应对制造业领域的 IT

应用等技术、技能的复合化和高度化，需要培养拥有最尖端知识、技术和技能，培养可以以研究型思维开发职业训练为指导技法的训练指导员。

（三）完善以对人服务领域为重点的技能考试，通过普及促进社内检定认证制度，构筑职业能力评价制度

职业能力评价制度有帮助劳动者设定职业规划开发的目标和动机的作用，被认为可通过劳动者主动提高技能来提高生产率，进而提高劳动者的待遇，因此有必要进一步完善。

1. 推进技能检定的有效利用

关于技能检定制度，不仅应在企业内（内部劳动力市场）有效利用人员调动、升职、降职等待遇措施，还应推进外部劳动力市场的有效利用，完善劳动力市场基础制度。因此，在完善便于各种阶层参加技能检定的环境的同时，为使技能检定制度适合产业界的人才需求，应推进职种、内容的新设、统合废止和等级、考试基准等的不断完善。

此外，对于学生和青少年的职业规划形成，为提高其积极性和顺利实现职业水平提升，关于学生、学徒等青少年为主要对象的技能检定三级，应依据产业界的需求积极设定，并通过与学校教育的结合，促进以青年为对象的技能检定的积极使用。同时，为完善对人服务领域为中心的新成长领域的技能检定，应利用角色扮演练习等，在完善考试实施方法的前提下实施考试。

2. 推进认定社内检定的扩充和普及

为推进劳动者自发进行职业能力开发，除了技能检定等业界内部共通的检定方式，还有必要推进各企业的内部检定。特别应该推进与业界内共同的检定有关联性的实践性企业内部检定的扩充和普及。为提高社内检定认定制度的社会认知度，实现其扩充和普及，应从增加设置检定的企业到支援检定的具体内容，采取一贯而积极的支援。

3. 职业能力评价基准

在构筑社内检定和企业内教育培训制度时，有必要整理对应各职种水平的必要职业能力。所需求的职业能力，根据各企业的情况既有不同的部分，也有业界共通的部分。因此，为了帮助完善检定制度和教育培训制度，在政策上应以必要性高的领域为中心，与业界团体进行合作，推进完善业界共通职业能力的评价基准等，同时促进其普及和有效利用。

（四）促进有效利用"工作卡片"制度

2008年工作卡片制度创建以来取得了一些成果，如有效利用该制度进行职业咨询，提供实践性职业训练机会，使用职业能力评价基准使职业能力可视化等，在求职者和用人企业的匹配等方面得到有效利用。2015年10月之后，为促进劳动者个人职业水平提升和顺利就业，需重新评估该制度作为生涯职业规划的工具和职业能力证明的工具的效用。此外，工作卡片在《职业能力开发促进法》中得到确立，有必要推进其在就职活动和职业能力开发等各方面得到进一步应用。

为此，通过与有关政府和部门的合作，在完善积极有效利用IT技术环境的同时，还要在职业训练、就业支援等领域广泛利用工作卡片制度。此外，应进行技术性指导和援助，促进在职业咨询、教育培训成果评价中利用工作卡片制度。

（五）促进企业内人才培养投资

当前，企业的人才培养投资有所减少，有必要促进企业对于人才培养的积极投资。因此，应表彰在员工职业规划方面实行措施好的企业等，积极宣传优秀事迹。此外，应探讨推动企业的人才培养投资的措施。

（六）强化都道府县劳动局功能

从根据产业界和地区的需求进一步推进职业能力开发政策的观点出发，都道府县劳动局作为国家职业能力开发的行政机构，是新"地方人才培养担当官"的部署地。因此，有必要根据这一定位，强化具有职业能力开发行政职能的都道府县劳动局的作用。为实现都道府县劳动局更顺利地进行能力开发工作,应充实研修内容等。

第五章 技能振兴

劳动者优秀的技能对我国社会经济发展起到了巨大的作用,但建筑业、制造业却面临着技能劳动者不足的问题,以青年为主的"技能短缺"的问题有可能对我国的未来产生深刻的影响。因此,有必要让每个国民理解技能的重要性和必要性,形成尊重技能的气氛,实现作为产业活动基础的技能劳动者的培养。

具体来说,可以推进"制造业职人"的技能传承以及地方的技能振兴措施,引导青年进入制造领域。对于青年技能劳动者的培养,不仅是熟练技能的培养,还要实行能培养其技能传承能力的措施。

另外,通过对卓越的技能劳动者的表彰和世界技能大赛等技能竞技大会,向包含在校学生的青少年宣传"技能"的重要性和魅力。对于高级技师应提高其社会认知度,推进提高其社会评价和价值的措施。青年技能劳动者在世界顶尖舞台的活跃,可以深具说服力地向国内外宣传日本技能水平的高度,应实施措施提高参加世界技能大赛选手的竞争力,充实对选手的支援。

第六章　推进职业能力开发领域的国际协作、合作

经济的全球化持续深入，我国企业也积极打入国际市场，国际化人才的有效利用和培养变得很重要。同时，作为国际社会的一员，推进国际合作也变得越来越重要。至今为止我国为了培养可实现发展中国家自立发展的骨干人才，实施了技术合作和人才的确保、培养系统的建立等支援。

为此，为发展中国家培养技能劳动者，对于将技能检定等技能评价系统转移到发展中国家的"技能评价系统转移促进事业"，应最大限度地利用我国强项的制造领域和中小企业所有的技术，将日本技能评价系统向国际普及。

此外，与外务省等有关部门合作，向发展中国家派遣训练指导员和职业能力开发领域的专家，在当地支援职业训练的实施，同时对于通过国际机构等的国际合作，应有效利用我国积累的有关人才培养的技术，为支援发展中国家的人才培养，对发展中国家的职业能力开发相关设施的设置、运营提出建议等，继续支援相关地区的人才培养。

为了帮助发展中国家完善职业训练体制来培养技能劳动者，我国应该积极接受发展中国家的职业训练指导员，对其进行培训方法、职业咨询技能等训练指导所必须能力的培养。为促进外国人技能实习的合理实施和保护技能实习生，对于外国人技能实习制度，应该通过重新审视制度等推进其顺利进行。

附件 3

日本能力开发调查基本情况[1]

一、调查概要

（一）调查的目的

本调查的目的是了解日本企业、事业所及劳动者能力开发情况，从而促进职业能力开发行政工作的开展。

（二）调查的沿革和依据

2001 年起开始能力开发调查，是依据《统计法》实施的一般统计调查。

（三）调查范围及对象

1. 地域

日本全国（但受到东日本大地震带来的东京电力福岛第一核电站事故影响的，符合原子能灾害对策特别措置法的"返回困难区域"、"居住限制区域"及"避难指示解除准备区域"的福岛县的一部分市村町除外）。

2. 对象

（1）企业

日本标准产业分类中的建设业、制造业、电力、燃气、供热、自来水、信息通信业、运输业、邮政业、批发业、零售业、金融业、保险业、房地产业、物品租借业、学术研究、专业技术服务业、旅馆业、饮食服务业、生活相关服务业、娱乐业、教育学习支援业、医疗福祉复合服务业、服务业等，从长期劳动者 30 人以上的民营企业中抽选。2018 年调查抽选

---

[1] 能力开发调查，日本厚生劳动省网站，https://www.mhlw.go.jp/toukei/list/104-1.html。

出 7345 家企业。

（2）事业所（工作场所）

日本标准产业分类中的建设业、制造业、电力、燃气、供热、自来水、信息通信业、运输业、邮政业、批发业、零售业、金融业、保险业、房地产业、物品租借业、学术研究、专业技术服务业、旅馆业、饮食服务业、生活相关服务业、娱乐业、教育学习支援业、医疗福祉复合服务业、服务业等，从长期劳动者 30 人以上的民营企业中抽选。2018 年调查抽选出 7176 家事业所。

（3）个人

从以上事业所所属的长期劳动者中，按一定的方法抽出。2018 年调查抽选出 23016 位劳动者。

（四）调查事项

1. 企业调查

（1）企业基本情况：正式社员人数、非正式社员人数。

（2）企业教育培训费用情况。

（3）企业员工能力开发的方针措施。

2. 事业所（工作场所）调查

（1）事业所概要：全体长期劳动者数、正式社员数及非正式社员人数、离职者数。

（2）教育训练的实施情况：实施内容、种类。

（3）人才育成。

（4）劳动者职业规划形成支援。

（5）职业能力评价的实施情况。

（6）技能传承。

3. 个人调查

（1）劳动者基本情况：性别、年龄、就业状况、最终学历、雇佣形式、工作年限、业务、职位、一周工作时间等。

（2）通过公司参加的教育训练情况。

（3）自我职业能力开发情况。

（4）职业生涯规划。

（五）调查的时期

企业调查、事业所调查以及个人调查都将从 9 月或 10 月开始，进行 2 个月左右。

（六）调查方法

1. 发放调查表

（1）企业调查表由厚生劳动省通过委托机关寄给调查企业。

（2）事业所调查表通过委托机关从厚生劳动省邮寄到调查事业所。

（3）个人调查表，调查员回收单位调查表时（包含在线回答的情况），计算出调查对象劳动者人数后，通过调查对象工作场所分配给调查劳动者。

2. 回收调查表

（1）企业调查表在调查对象企业中填写后，通过邮递或者在线的方式回收。之后，由委托机关汇总，提交给厚生劳动省。

（2）事业所调查表在调查单位填写后，由调查员回收，由委托机关汇总，提交给厚生劳动省。通过网络回答的，也由委托机关汇总，提交给厚生劳动省。

（3）个人调查表由调查劳动者填写后，通过委托机关邮递或在线提交，由委托机关汇总之后，提交给厚生劳动省。

二、企业调查表

	所在地		
	企业名		
企业 ID		产业分类编号	
密码			

续表

所在地 企业名	
记录人	
电话号码	
邮件信息	
姓名	

所在地地址，贵公司名称有误的情况请用红色圆珠笔进行订正。

本调查可利用以上的 ID、密码进行在线回答，
网站链接等请参考附带的"在线回答指南"。

关于问卷调查：

1.本问卷所回答的事项，将严守各企业秘密，绝不会因统计以外的目的使用，请如实回答。

2.本问卷以企业为单位进行调查。除总公司之外如有分公司、工厂、营业所等事业所，请包含在内进行回答。

3.如没有特殊情况，请填写××××年××月××日现今的情况。

4.如没有特殊情况，请在选项中选择一个选项将编号用〇圈起来。但是，如果回答栏有涂写网格，则请根据设问进行回答。

5.文中附有数字（＊1、＊2……）的用语，其说明均标注在问题附近，请进行参考。

6.问卷的实际数字计入栏等，填写时需要特别注意的点，说明均标注在问题附近，请进行参考。

7.填写完成后，请利用附加的信封（不用邮票），在××××年××月××日之前邮寄。

8.关于问卷内容如有不明之处，请通过以下咨询方式进行咨询。

问卷咨询：厚生劳动省能力开发基本调查事务局

　　　　Tel：0120-966-326

　　　　Fax：03-3256-7471

　　　　邮件：nou-ki@surece.co.jp

调查主办方：厚生劳动省职业能力开发局总务科基盘整备室

（一）关于贵公司基本情况

请所有企业回答：

第1问　贵公司全体（总公司、分公司、工厂、营业所包含在内）的长期劳动者＊1数，分为正式社员＊2和非正式社员＊3进行填写（××××年××月××日现在），（没有的情况请填写"0"）。

	长期劳动者人数
正式社员	人
非正式社员	人

注：不包含没有直接被贵公司雇佣，在事业所内劳动的劳动者（派驻和承包劳动者）。

（二）关于OFF-JT及自我开发支援支出费用

请所有企业回答：

第2问

（1）贵公司在××××年（××××年××月××日—××××年××月××日），是否支出OFF-JT＊3或自我开发支援＊4费用？请圈选一个最佳选项。

	有支出	无支出
OFF-JT	1	2
自我开发支援	1	2

两个均选择"2"的情况请跳到第3问。

第2问中选择"1有支出"的企业请回答：

（2）贵公司在××××年度实施OFF-JT及自我开发支援所支出的总金额为多少？请分别填写OFF-JT及自我开发支援金额（单位为万日元。一万日元未满的情况在万单位计入"0"）。

＊1. 长期劳动者

贵公司直接雇佣，没有规定雇佣期间，又或是超过一个月雇佣期间的劳动者。包含派遣到其他企业或其他事业所的派遣劳动者。此外，不包含调动到其他企业的劳动者。

＊2. 正式社员

长期劳动者中，没有雇佣期限的劳动者，在企业或事业所规定的劳动时间中工作，企业或事业所给予其正式社员、正式职员的待遇。

＊3. 非正式社员

长期劳动者中，用"委托""合同社员""临时工"等名称称呼的劳动者，不包含派遣劳动及承包劳动者。

＊4. OFF-JT

依据安排，离开平时工作进行的教育训练（研究），比如在公司内实施的教育训练（把劳动者集中在一处进行的集合训练等），或在公司外实施的教育训练（让劳动者业界团体和民间教育训练机关等公司外部的教育训练机关实施的教育训练）。

＊5. 自我开发

劳动者为了持续自己的职业生活，进行的职业相关能力的自我开发，自我提高的活动（不包含职业无关的兴趣、娱乐、体育健康增进的活动）。

（三）关于能力开发的理念

请所有企业回答：

第3问　贵公司对于劳动者的能力开发的理念，以下选项最接近哪一项？请将正式社员非正式社员分开圈选（各项目各选择一项答案）。

正式社员

能力开发理念	A	接近 A	接近 B	B	没有正式社员
① 劳动者能力 A. 企业主体决定开发方针 B. 劳动者个人决定	1	2	3	4	5
② 进行职业能力评价 A. 进行实施且和待遇相关 B. 没有实施	1	2	3	4	5
③ 重视提高什么范围 A. 全部劳动者的劳动者的教育训练 B. 选拔出的劳动者教育训练	1	2	3	4	5
④ 重视的教育训练 A. OJT＊6 B. OFF-JT	1	2	3	4	5
⑤ 教育训练实施 A. 外部委托、外包 B. 公司内部	1	2	3	4	5

非正式社员

能力开发理念	A	接近 A	接近 B	B	没有正式社员
⑥ 劳动者能力 A. 企业主体决定开发方针 B. 劳动者个人决定	1	2	3	4	5
⑦ 进行职业能力评价 A. 进行实施且和待遇相关 B. 没有实施	1	2	3	4	5
⑧ 重视提高什么范围 A. 全部劳动者的劳动者的教育训练 B. 选拔出的劳动者教育训练	1	2	3	4	5
⑨ 重视的教育训练 A. OJT＊6 B. OFF-JT	1	2	3	4	5

续表

能力开发理念	A	接近A	接近B	B	没有正式社员
⑩ 教育训练实施 A. 外部委托、外包 B. 公司内部	1	2	3	4	5

* 6. OJT

一边进行日常工作一边进行的教育训练。如直属上司指导下属业务中的工作方法。

（四）关于能力开发的业绩、前景

请所有企业回答：

第4问　贵公司对劳动者每人OFF-JT的教育训练费或自我开发支援费用，请回答过去3年间（××××年度至××××年度）的业绩及今后3年（××××年度至××××年度）的前景。

请将正式社员、非正式社员分开圈选。

正式社员

	过去3年间					今后3年内				
	增加	无增减	减少	无业绩	没有正式社员	预计增加	无增减预定	预计减少	无实施计划	无正式社员计划
OFF-JT	1	2	3	4	5	1	2	3	4	5
自我开发支援	1	2	3	4		1	2	3	4	

注：1. 只有过去3年间没有正式社员在籍的情况可圈选"5 没有正式社员在籍"。
　　2. 只有今后3年内没有预定正式社员在籍的情况可圈选"5 没有正式社员计划"。

非正式社员

	过去 3 年间					今后 3 年内				
	增加	无增减	减少	无业绩	没有非正式社员	预计增加	无增减预定	预计减少	无实施计划	无非正式社员计划
OFF-JT	1	2	3	4	5	1	2	3	4	5
自我开发支援	1	2	3	4		1	2	3	4	

注：1. 只有过去 3 年间没有非正式社员在籍的情况可圈选 "5 没有正式社员在籍"。
2. 只有今后 3 年内没有预定非正式社员在籍的情况可圈选 "5 没有正式社员计划"。

（五）关于职业能力开发计划及职业能力开发推进者

请所有企业回答：

第 5 问

（1）贵公司在事业所是否根据职业能力开发促进法第 11 条规定制定了职业能力开发计划 *7？ 请圈选一个最佳选项。

在所有事业所内制定	1
在一部分事业所内制定	2
没有在事业所内制定	3

／请回答 6（1）：

第 5（1）中选择 "1 在所有事业所内制定" 或 "2 在一部分事业所内制定" 的企业请回答。

（2）贵公司的事业内职业能力开发计划的制定方法，符合以下哪种？请圈选一个最佳选项。

在总公司制作一份职业能力开发计划，适用于所有事业所	1
在所有事业所制作适合各个事业所的事业内职业能力开发计划	2
有使用总公司制作的职业能力开发计划的事业所，也有自己制作的事业所	3

*7. 事业内职业能力开发计划

依据《职业能力开发促进法》第11条规定,"经营者为实现其雇佣的劳动者相关的职业能力开发及提高,阶段性体系化的实施促进措施而制作的计划"。

请所有企业回答:

第6问

(1)贵公司是否在根据职业能力开发促进法第12条选任职业能力开发推进者*8?请圈选一个最佳选项。

在所有的事业所内选任	1
在一部分事业所内选任	2
没有在事业所内选任	3

/回答第7问(1):

第6(1)中选择"1在所有事业所内选任"或"2在一部分事业所内选任"的企业请回答。

(1)贵公司职业能力开发推进者的选任方法,符合以下哪一项?请圈选一个最佳选项。

在总公司选任一个职业能力开发推进者,在所有事业所兼任	1
在所有事业所进行各自选任	2
有配置总公司选任的职业能力开发推进者的事业所,也有事业所选任的事业所	3
与其他事业所或其他事业主共同选任	4
其他	5

*8. 职业能力开发推进者

《职业能力开发促进法》第12条的规定,企业有义务选任职业能力开发促进者。具体的业务如下规定:负责事业内职业能力开发计划的制作和实施相关业务;和雇佣的劳动者进行职业能力开发方面的谈话和指导等。

（六）关于教育训练休假制度及教育训练短时间工作制度的引入情况

请所有企业回答：

第 7 问

（1）贵公司是否引入教育训练休假 *9 制度。此外，未引入的情况，是否有引入计划。请圈选一个最佳选项。

已引入	没有引入，但有引入计划	没有引入且没有导引入计划
1	2	3

（2）贵公司是否引入教育训练短时间工作 *10 制度。此外，未引入的情况，是否有引入计划。请圈选一个最佳选项。

已引入	没有引入，但有引入计划	没有引入且没有导引入计划
1	2	3

第 7 问（1）或（2）中

任意一问选择"没有引入且没有引入计划"的情况请回答第 7 问（3）。

两问都选择"没有引入且没有引入计划"的情况回答到此为止。

＊9. 教育训练休假

对于为提高素质和接受其他职业相关教育训练的劳动者，给予的休假，包括带薪或不带薪休假（包含公司内名称不同但同样使用目的的情况）。[带薪假的情况，不包含劳动基准法（昭和 22 年法律第 49 号）第 39 条的规定给予年内带薪休假]。

＊10. 教育训练短时间工作

对于为提高素质和接受其他职业相关教育训练的劳动者可以利用的短时间工作（缩短规定劳动时间的措施）。另外，包含公司内名称不同但同样使用目的的情况。

第 7 问（1）或（2）中选择"3 没有引入且没有引入计划"的企业请回答。

（3）贵公司没有计划引入教育训练休假制度或教育训练短时间工作制度的原因是什么？请选择所有合适选项。

没有感到制度引入的好处	1
本身不知道该制度	2
没有窗口可以进行制度设计的咨询	3
劳动者没有制度引入的需求	4
产生带薪休假（包含一部分带薪休假）的情况，会产生成本负担	5
确保代替人员有困难	6
其他	7

问题到此结束，谢谢您的配合。

三、事业所调查表

所在地 事业所名			
事业所 ID		产业分类编号	
密码			

记录员 所属科名	
电话号码	
邮件信息	
姓名	

所在地地址，贵事业所名称有误的情况请用红色圆珠笔进行订正。

本调查可利用以上的 ID、密码进行在线回答， 网站链接等请参考同封的"在线回答指南"。

关于问卷调查

1. 本问卷所回答的事项，将严守各事业所秘密，绝不会因统计以外的目的使用，请如实回答。

2. 本问卷以事业所为单位进行调查。总公司、分公司、工厂、营业所等分别为一个事业所，第1问以外的项目的回答，请填写贵事业所的内容。

3. 如没有特殊情况，请填写××××年××月××日现今的情况。

4. 如没有特殊情况，请在选项中选择一个选项将编号用〇圈起来。但是，如果回答栏有涂写网格，则请根据设问进行回答。

5. 文中附有数字（＊1、＊2……）的用语，其说明标注在问题附近，请进行参考。

6. 问卷的实际数字计入栏等，填写时需要特别注意的点，其说明标注在问题附近，请进行参考。

7. 填写完成后，调查员将会进行访问回收（调查员访问时期预定为××××年××月××日至××月××日。此外，调查员活动请参考第2页）。

8. 关于问卷内容如有不明之处，请通过以下咨询方式进行咨询。

问卷咨询：厚生劳动省能力开发基本调查事务局

　　　　Tel：0120-838-060

　　　　Fax：03-6825-4062

　　　　邮件：nou-ji@surece.co.jp

调查主办方：厚生劳动省职业能力开发局总务科基盘整备室

【关于调查实施、调查员活动的通知】

● 贵事业所填写的问卷，将由受到厚生劳动省委托的委托企业的调查员进行访问回收。

● 调查员的访问时期，预定为平成××××年××月××日至××月××日。

● 调查员的访问日期相关咨询，请联系以下调查事务局。

●此外，调查员进行访问时，同时将对贵事业所员工进行个人调查，请给予协助。

厚生劳动省能力开发基本调查事务局
Tel 0120-838-060
Fax 03-6825-4062
Mail nou-ji@surece.co.jp

（一）关于贵事业所概要

请所有事业所回答：

第1问 贵公司全体（总公司、分公司、工厂、营业所等合计）的长期劳动者有多少人？请圈选一项。

长时间劳动者	30—49人	50—99人	100—299人	300—999人	1000人—
区分	1	2	3	4	5

注：只有本问题需要回答公司全体（总公司、分公司、工厂、营业所等合计）的情况。

下面的问题开始，针对贵事业所进行询问。请回答贵事业所的情况。回答栏分为正式社员和非正式社员的问题，请将各自的情况分别计入回答栏。

请所有事业所回答：

第2问 贵事业所的长期劳动者＊1数分为正式社员＊2和非正式社员＊3进行填写（××××年××月××日现在)(没有的情况请填写"0"）。

	长期劳动者人数
正式社员	人
非正式社员	人

请所有事业所回答：

第3问 贵事业所××××年度（××××年××月××日至××××年××月××日）的离职者人数（不包括退休人员。此外，不包括更新、再雇佣、继续雇佣等被贵事业所再雇佣的人员）。请区分正式社员和非正式社员计入（没有的情况请填写"0"）。

	离职者人数
正式社员	人
非正式社员	人

＊1. 长期劳动者

贵公司直接雇佣，没有规定雇佣期间，又或是超过一个月雇佣期间的劳动者。包含派遣到其他企业或其他事业所的派遣劳动者。此外，不包含调动到其他企业的劳动者。

＊2. 正式社员

常用劳动者中，没有雇佣期限的劳动者，在企业或事业所规定的一周的规定劳动时间中工作，企业或事业所给予其正式社员、正式职员的待遇。

＊3. 非正式社员

常用社员中，用"委托""合同社员""临时工"等名称称呼的劳动者，不包含派遣劳动及承包劳动者。

从以下开始，询问"正式社员""非正式社员"各自情况的问题，请按照贵事业所的实际情况进行回答。

● ××××年××月××日现在，正式社员"不存在"的事业所（第2问的"正式社员"栏人数为0的事业所）→第4问后不需要对"正式社员"一栏进行回答

● ××××年××月××日现在，非正式社员"不存在"的事业所（第2问的"非正式社员"栏人数为0的事业所）→第4问后不需要对"非正式社员"一栏进行回答

（二）关于教育训练实施相关事项

请所有事业所回答：

第 4 问

(1) 贵事业所是否在××××年度实施过有利于职业能力开发、提升的 OFF-JT？请圈选所有实施对象。

实施过 OFF-JT				未实施 OFF-JT
正式社员			非正式社员	
新人社员 *5	中坚社员 *6	管理层 *7		
1	2	3	4	5

第 4 问 (1) 中圈选 "1 新人社员" — "4 非正式社员" 中任意选项的事业所请回答：

(2) 贵事业所在××××年度实施 OFF-JT 时，利用了什么实施主体的教育训练（教育训练机构）？请区分正式社员、非正式社员圈选所有选项。

	正式社员	非正式社员
本公司	1	1
总公司、集团公司	2	2
民间教育训练机关（民间教育研究公司、民间企业主办讲座等）	3	3
培训购入机器、软件等使用方法的情况为该机器、软件等的公司	4	4
商工会、商工会议事所、协同组合等经营者团体	5	5
职业能力开发协会、劳动基准协会、公益法人（公益财团法人、公益社员法人、职业训练法人），其他业界团体	6	6
公共职业训练机构（包含职业能力开发训练中心、工业技术中心、考试所等）	7	7
专修学校、各种学校	8	8
高等专业学校、大学、研究生院	9	9
其他	10	10

*4. OFF-JT

依据业务安排，离开平时的工作进行的教育训练（研究），比如在公司内实施的教育训练（把劳动者集中在一处进行的集合训练等），或在公司外实施的教育训练（让劳动者业界团体和民间教育训练机关等公司外部的教育训练机关实施的教育训练）。

*5. 新人员工

入社后 3 年左右的员工。

*6. 中坚员工

不是管理层职及新人社员的员工。

*7. 管理职层

有管理或监督的职责的员工。

第 4 问（1）中圈选"1 新人社员"—"4 非正式社员"中任意选项的事业所请回答：

（3）贵事业所实施的是怎样的 OFF-JT？请圈选所有相关选项。

以新社员等初级层为对象实行研修	1
以新的中坚社员为对象实施研修	2
以新管理层为对象实施研修	3
商务礼仪等商务基础知识	4
管理（提高管理、监督能力的内容等）	5
沟通能力	6
宣传、收集情报能力	7
法务、合规	8
财务会计	9
品质管理	10
发表、辩论	11
语言、国际化对应能力	12

续表

OA、计算机	13
工作机械、输送用机器等的操作	14
技能学习	15
其他	16

请所有事业所回答：

（4）贵事业所是否在××××年度实施过有利于职业能力开发、提升的计划性OJT*8？请圈选所有相关选项。

实施过OJT				未实施OJT
正式社员			非正式社员	
新人社员	中坚社员	管理层		
1	2	3	4	5

*8. 计划性OJT

在一边进行日常工作一边进行的教育训练（OJT）中，制定教育训练相关计划书的教育担当者，规定教育对象、期间和内容等，实施阶段性的持续教育训练。比如，根据教育训练计划，管理职等作为教育训练担当对部下进行工作方法等的指导。

（三）关于人才育成

请所有事业所回答：

第5问 贵事业所劳动者的能力开发和人才育成中，有没有问题点？请圈选所有相关选项。

育成的人才会辞职	1
没有足够的可以锻炼的人才	2
指导人才不足	3
没有进行育成的多余资金	4

续表

没有进行人才育成的时间	5
不知道人才育成的方法	6
没有适当的教育训练机关	7
技术革新和业务变更过于频繁,人才育成没有实际作用	8
其他	9
没有问题	10

(四)关于劳动者的职业规划形成支援

请所有事业所回答:

第6问

(1)贵事业所是否有可以进行职业规划咨询(职业咨询 *9)的组织(不仅限社内规定等明确制度化的结构,还包括定期进行的)?请区分正式社员、非正式社员圈选一个选项。

	有	没有
正式社员	1	2
非正式社员	1	2

全部选"2"的情况请回答第6问(6):

注:没有正式社员的情况,不需要回答关于正式社员的"有""没有"。没有非正式社员的情况,不需要回答关于非正式社员的"有""没有"。

＊9.职业咨询

职业能力开发促进法(昭和44年法律第64号)第2条第5项规定的职业咨询(根据劳动者职业的选择,职业生活设计或职业能力开发提高相关谈话,提出意见进行指导)。

第6问(1)中选择"1有"(正式社员、非正式社员)的,请回答以下问题:

（2）贵事业所何时进行职业规划相关的咨询。请区分正式社员、非正式社员圈选所有适当选项。

	正式社员	非正式社员
劳动者有需求时	1	1
1年一次，3年一次等，定期实施	2	2
入社第3年、第5年等，入社到达一定年数时实施	3	3
40岁、50岁等，到达一定年龄时实施	4	4
升职、移动、复职等，人事管理的关键节点实施	5	5
配合人事评价的时间实施	6	6
其他	7	7

第6问（1）中选择"1有"（正式社员、非正式社员）的，请回答以下问题：

（3）贵事业所出于什么目的进行职业规划相关咨询？请区分正式社员、非正式社员圈选所有适当选项。

	正式社员	非正式社员
为促进劳动者的自我开发 *10	1	1
为支援劳动者的自发职业生涯设计 *11	2	2
根据劳动者的期望，确实运用人事管理制度	3	3
为更加有效运用社内教育体系	4	4
为提高劳动者的工作热情，促进职场的活性化	5	5
为促进新人社员、青年劳动者的职场稳定	6	6
为支援中老年社员退休后的生涯设计和再就业	7	7
为预防因精神健康问题产生的长期休假和支援复职	8	8
其他	9	9

*10. 自我启发

劳动者为了持续自己的职业生涯，进行的职业相关能力的自我开发、自我提高的活动（不包含职业无关的兴趣、娱乐、体育健康增进的活动）。

*11. 职业生涯设计

根据劳动者的适应性、职业经验等，为实现职业的选择、职业能力的开发及提高措施的计划。

第6问（1）中选择"1有"（正式社员、非正式社员）的，请回答以下问题：

（4）贵事业所在进行职业规划相关咨询时，遇到了什么问题？请区分正式社员、非正式社员圈选所有适当选项。

	正式社员	非正式社员
难于确保劳动者进行职业规划咨询的时间	1	1
社员取得职业咨询师*12资格成本高	2	2
委托外部职业咨询师成本高	3	3
难以找到符合要求的职业咨询师	4	4
有可以接受咨询的人员，但因为其他业务繁忙，没有进行职业咨询的时间	5	5
进行职业规划相关咨询，但没有效果	6	6
劳动者关于职业规划咨询次数少	7	7
其他	8	8
没有问题	9	9

＊12. 职业咨询师

《职业能力开发促进法》第30条之3规定的职业咨询师（利用职业咨询师的名号，进行职业咨询的人）。

第6问（1）中选择"1有"的，请回答以下问题：

（5）贵事业所进行咨询的人员，是否是职业咨询师？

是的	不是	不明
1	2	3

第6问（1）中

"正式社员""非正式社员"中其一选择"1有"的情况，请回答第7问。

"正式社员""非正式社员"中其一选择"2没有"的情况，请回答第6问（6）。

第6问（1）中选择"2没有"（正式社员、非正式社员）的，请回答以下问题：

（6）贵事业所不实施职业规划相关咨询的理由请圈选所有适当选项。

	正式社员	非正式社员
难于确保劳动者进行职业规划咨询的时间	1	1
社员取得职业咨询师*12资格成本高	2	2
委托外部职业咨询师成本高	3	3
难以找到符合要求的职业咨询师	4	4
难以确保人员接受职业咨询	5	5
劳动者没有咨询的愿望	6	6
没有必要进行职业规划相关咨询	7	7
其他	8	8

请所有事业所回答：

第7问 是否知道工作卡片*13。请圈选一个适当选项。

包括内容在内详细了解且有效利用	包括内容在内详细了解但没有利用	听说过名称但不知道具体内容	没有听说过也不知道内容
1	2	3	4

*13. 工作卡片

依据《职业能力开发促进法》,作为根据劳动者的职业规划进行自发职业能力开发促进的"生涯中的职业计划"及"职业能力证明"的手段,对于事业所主要应用在招聘活动和雇佣型训练等场合。

请所有事业所回答:

第 8 问　贵事业所如何对劳动者的自我开发实行支援。请区分正式社员、非正式社员圈选所有适当选项。

	正式社员	非正式社员
听讲费等的金钱援助	1	1
对公司内实行自主学习会的援助	2	2
给予教育训练者休假（包含带薪和不带薪）	3	3
关照工作时间	4	4
提供教育训练机关、函授教育的信息	5	5
其他	6	6
没有进行支援	7	7

注：没有正式社员的情况不需要回答正式社员选项。此外，没有除正式社员之外的长时间劳动者的情况，不需要回答非正式社员的选项。

（五）关于劳动者的职业能力评价

第 9 问

（1）贵事业所是否实行职业能力评价 *14 。请区分正式社员、非正式社员圈选一个适当选项。

	实施	不实施
正式社员	1	2
非正式社员	1	2

全部选"2"的情况回答第 10 问。

注：没有正式社员的情况不需要回答正式社员选项。此外，没有除正式社员之外的长时间劳动者的情况，不需要回答非正式社员的选项。

*14. 职业能力评价

对职业必要的技能和能力的评价，依据厚生劳动省制作的"职业能力评价基准"的评价基准，公司独自制作的评价基准和业界团体制作的评价基准，或根据已有的各种认定、资格进行评价。

第9问中选择"1 实施"的事业所请回答：

（2）贵事业所在实施职业能力评价时，是否利用鉴定和资格。请圈选所有适当选项。

对正式社员利用鉴定和资格	对非正式社员利用鉴定和资格	不利用
1	2	3

第9问（2）中选择"1 对正式社员利用鉴定和资格""对非正式社员利用鉴定和资格"的事业所请回答：

（3）贵事业所在进行职业能力评价时，利用哪种已有的鉴定、资格？请圈选所有适当选项。

技能鉴定 *15	1
国家鉴定、资格 *16（技能鉴定除外）或公共鉴定、资格 *17	2
民间团体认定的民间鉴定、资格	3
事业主等认定的社内鉴定、资格	4
其他	5

*15. 技能鉴定

依据《职业能力开发促进法》，对劳动者所有的技能程度进行鉴定，成为公证的国家鉴定。

*16. 国家鉴定、资格

根据法令等国家实施、认定的鉴定、资格。

*17. 公共鉴定、资格

根据国家的基准等公益法人等实施，国家认定的鉴定、资格。

第9问（2）中选择"1 对正式社员利用鉴定和资格""对非正式社员利用鉴定和资格"的事业所请回答：

（4）贵事业所对于关系职业能力评价的鉴定、资格，是否对考取的劳动者进行必要的费用补助。此外，进行费用补助的情况，补助程度怎样，请圈选所有适当选项。

进行费用补助	有补助全部费用的鉴定、资格	1
	有补助一部分费用的鉴定、资格	2
没有进行费用补助		3

第9问（1）中选择"1 进行职业能力评价"的事业所请回答：

（5）贵事业所怎样有效利用职业能力评价。请圈选全部适当选项。

人才的采用	1
人才配置的适当化	2
人才战略、计划的决定	3
人事考核（奖金、薪资、升职、降职、移动、调动）的判断基准	4
劳动者必要的能力开发目标	5
进行技能传承的手段	6
其他	7

第9问（1）中选择"1 进行职业能力评价"的事业所请回答：

（6）贵事业所在现行的职业能力评价相关措施中，有什么问题。请圈选所有适当选项。

评价项目无法取得劳动者的赞同	1
难以设定全部部门、职种的公平评价项目	2
业界共通的职业能力评价基准和考试还没有完善	3

续表

评价者的负担过大	4
评价者没有掌握评价基准、评价内容有分歧	5
其他	6
没问题	7

（六）关于技能传承

请问所有事业所：

第 10 问　贵事业所中是否有因为劳动者退休而产生的技能传承问题。请圈选一个选项。

有问题	1
没问题	2

请问所有事业所：

第 11 问　贵事业所中为对应技能传承问题采取了怎样的措施。请圈选所有适当选项。

从退休人员中选拔必要人员延长雇佣，通过委托进行再雇佣，作为指导者	1
增加招聘新学徒毕业者	2
增加社会招聘	3
为弥补不足，有效利用补充技能的合同社员、派遣社员	4
有效利用外部委托	5
通过技能传承的特殊训练，向青年、中间层进行技能和知识的传承	6
将预定退休人员的技能和知识进行书面化、数据化、指南化	7
将工作的方法、设计转化成不需要高度的技能和知识	8
将需要传承的技能和知识进行浓缩传承	9
其他	10
没有特殊的措施	11

问题到此结束，谢谢您的配合。

四、劳动者个人调查表

事业所 ID	个人 ID
密码：	

所属科名	
电话号码	
邮件信息	
姓名	

根据回答内容可能会在之后进行内容确认，如果方便请填写联系方式。

> 本调查可利用以上的 ID、密码进行在线回答，
> 网站链接等请参考同封的"在线回答指南"。

关于问卷调查

1. 本问卷所回答的事项，将严守个人秘密，绝不会因统计以外的目的使用，请如实回答。

2. 如没有特殊情况，请填写平成××××年××月××日现今的情况。

3. 如没有特殊情况，请在选项中选择一个选项将编号用〇圈起来。但是，如果回答栏有涂写网格，则请根据设问进行回答。

4. 文中附有数字（＊1、＊2……）的用语，其说明标注在问题附近，请进行参考。

5. 问卷的实际数字计入栏等，填写时需要特别注意的点，其说明标注在问题附近，请进行参考。

6. 填写完成后请装入附带的信封（不需要邮票）在××××年××月××日前邮寄。

7. 在多个公司工作的人员请填写收到本问卷的公司的内容。

8. 关于问卷内容如有不明之处，请通过以下咨询方式进行咨询。

问卷咨询：厚生劳动省能力开发基本调查事务局

    Tel：0120-838-060

    Fax：03-6825-4062

    邮件：nou-ko@surece.co.jp

调查主办方：厚生劳动省职业能力开发局总务科基盘整备室

（一）关于您自身

请所有人员回答：

第1问 关于您自身的情况，请圈选一个最佳选项。

（1）性别

男性	女性
1	2

（2）年龄（××××年××月××日现在 满岁）

20岁未满	20—29岁	30—39岁	40—49岁	50—59岁	60岁以上
1	2	3	4	5	6

（3）就业状态

主要为工作*1	一边上学一边工作*2	家事之外进行工作*3

*1. 主要工作

主要在工作地进行工作的情况。

*2.一边上学一边工作

主要为上学，剩余时间做少量工作的情况。

*3.家事之外进行工作

主要是做家事（包含育儿、看护、介护等），剩余时间做少量工作的情况。

（4）最终学历（中途退学者或在学者填写之前学历）

中学、高中、中等教育学校	1
专修学校、短期大学、高专	2
大学（文科）	3
大学（理科）	4
研究生（文科）	5
研究生（理科）	6
其他	7

（5）雇佣形式

正式社员*4	非正式社员			
	委托*5	合同社员*6	零时劳动者*7	其他*8
1	2	3	4	5

*4.正式社员

长时间劳动者中，没有雇佣期限的劳动者，在企业或事业所规定的一周的规定劳动时间中工作，企业或事业所给予其正式社员、正式职员的待遇。

*5.委托

退休后以一定的雇佣期间被再雇佣的劳动者。

*6.合同社员

长期劳动者中，全职工作但是有雇佣期限的劳动者，委托劳动者除外。

*7. 零时劳动者

长期劳动者中，一天规定的劳动时间比正式社员短，或一周规定的劳动日数少于正式社员的劳动者，委托劳动者，合同社员除外。

*8. 其他

长期劳动者中，以上的正式社员、委托劳动者、合同社员及零时劳动者除外的劳动者。

（6）现在工作公司的工作年数（包含调动到集团公司的时间。××××年××月××日现在）

1年未满	1年以上3年未满	3年以上5年未满	5年以上10年未满	10年以上20年未满	20年以上30年未满	30年以上
1	2	3	4	5	6	7

（7）业务

管理性工作 *9	1
专门性、技术性工作 *10	2
事务性工作 *11	3
贩卖性工作 *12	4
服务性工作 *13	5
安保的工作 *14	6
生产工程的工作 *15	7
运输、机器操纵的工作 *16	8
建设、挖掘的工作 *17	9
搬运、清扫、包装等工作 *18	10
其他工作	11

*9. 管理性工作

在科（或相当于科的部门）以上的组织从事管理的工作。

*10. 专门性、技术性工作

有高度的专业水准，从事运用科学指导的技术性工作，或医疗、教育、法律、宗教、艺术和其他专门性的工作。

*11. 事务性工作

接受科长（包含科长级别的人）以上职务的人的监督，进行总务、文书、人事、会计、调查、企划、运输、通信、生产关联、营业贩卖、外勤相关事务及事务用机器的操作工作。

*12. 贩卖性工作

商品（包含服务）、房产、证券等的买卖、买卖中介、传达、代理等工作，保险外交、商品买卖、制造等相关交易上的劝诱、交涉和接受订货的工作。

*13. 服务性工作

美容美发、洗衣、料理、接客、娱乐等对个人的服务，居住设施、大楼等的管理服务及其他服务性工作。

*14. 安保的工作

社会、个人、财产的保护，法和秩序的维持等工作。

*15. 生产工程的工作

生产设备的支配、监视工作，利用机械、器具、手动工具等加工原料、材料的工作，各种机器的组装、调整、修理、检查的工作，制版、印刷、装订的工作，生产工程相关工作及生产类似技能的工作。

*16. 运输、机械操纵的工作

火车、电车、汽车、船舶、飞机等的运行、操作工作，及其他相关工作，及定位机关、机械及建设机械的操作工作。

*17. 建设、挖掘的工作

建设的工作，电力施工相关工作，水坝、隧道的挖掘工作，矿物的探测、试挖掘、挖掘、采取、选矿的工作（但是，建设机器的操纵工作属于*16）。

*18. 搬运、清扫、包装等工作

主要是体力劳动的定型作业中，搬运、快递、捆包、清扫、包装等工作。

（8）职位

部长相当职 *19	1
科长相当职 *20	2
系长、主任、职长相当职 *21	3
没有特别的职位	4

*19. 部长相当职

事业所中通常被称为"部长"或"局长"的人，该组织有两个科以上构成，或有 20 人以上（包含部长）机构的领导。

*20. 科长相当职

事业所中通常被称为"科长"的人，该组织有两个以上的系，或该组织人员有 10 人以上（包含科长）的领导。

*21. 系长、主任、职长相当职

无论成员人数，通常被称为"系长""主任"的人。此外，包含在建筑业、制造业中无论称呼，生产劳动者集团（无论集团大小）中担任领导，进行集团内指挥、监督的"职长"。

（9）一周的工作时间（包含平时的加班时间）

30 小时未满	30 小时以上 35 小时未满	35 小时以上 40 小时未满	40 小时以上 45 小时未满	45 小时以上 50 小时未满	50 小时以上 55 小时未满	55 小时以上 60 小时未满	60 小时以上
1	2	3	4	5	6	7	8

（二）关于通过公司接受的教育训练

请所有人员回答

第2问　关于××××年度（××××年××月××日至××××年××月××日）接受的OFF-JT*22。

*22. OFF-JT

依据业务安排，离开平时的工作进行的教育训练（研究），比如在公司内实施的教育训练（把劳动者集中在一处进行的集合训练等），或在公司外实施的教育训练（让劳动者业界团体和民间教育训练机关等公司外部的教育训练机关实施的教育训练）。

（1）您是否接受过OFF-JT。请圈选一个最佳选项。

接受过	未接受
1	2

请回答第3问（1）。

在第2问（1）中选择"1 接受过"的人请回答：

（2）参加的OFF-JT的总培训时间是多少。

5小时未满	5小时以上10小时未满	10小时以上15小时未满	15小时以上20小时未满	20小时以上30小时未满	30小时以上50小时未满	50小时以上100小时未满	100小时以上
1	2	3	4	5	6	7	8

在第2问（1）中选择"1 接受过"的人请回答：

（3）通过OFF-JT获得的技能和知识等，是否起到了作用。请圈选一个最佳选项。

有作用	1
比较有用	2

续表

比较没用	3
没用	4

请所有人员回答：

第3问

（1）您在××××年度对部下、同事、工作伙伴，关于工作上的能力提高，进行了什么程度的指导和建议。此外，上司、同事、工作伙伴在××××年度，对您进行了什么程度的指导和建议。请各自圈选一个最佳选项。

	经常	某种程度	几乎没有	没有
① 您对同事、部下、工作伙伴进行的指导和建议	1	2	3	4
② 上司、同事、工作伙伴对您进行的指导和建议	1	2	3	4

在②中选择"4没有"的请回答第4问（1）。

（2）通过您的上司、同事、工作伙伴对您进行的指导和建议所得到的知识和技能，对您的工作起到了什么作用。请圈选一个最佳选项。

有作用	1
比较有用	2
比较没用	3
没用	4

（三）关于自我开发

请所有人员回答：

第4问　关于您××××年进行的自我开发。

（1）您是否进行过自我开发 *23，请圈选一个最佳选项。

进行过	没有进行
1	2

请回答第 5 问。

*23. 自我启发

劳动者为了持续自己的职业生涯，进行的职业相关能力的自我开发，自我提高的活动（不包含职业无关的兴趣、娱乐、体育健康增进的活动）。

第 4 问中选择 "1 进行了自我开发" 的人员请回答：

（2）您进行了怎样的自我开发。请圈选一个最佳选项。

在专修学校、各种学校听讲座	1
在高等专门学校、大学、研究生院听讲座	2
参加民间教育训练机关（民间企业、公益法人、各种团体）的演讲会，研讨会	3
在公共职业能力开发机构 *24 听讲座	4
参加公司内的自主学习会、研究会	5
参加公司外的学习会、研究会	6
参加函授教育	7
通过广播、电视、专业书籍、网络等自学、自习	8
其他	9

*24. 公共职业能力开发机构

职业能力开发促进中心、职业能力开发大学、都道府县的职业能力开发学校。

第 4 问中选择 "1 进行了自我开发" 的人员请回答：

（3）关于您进行自我开发的实施时间，自己负担的费用等，请圈选一个最佳选项（××××年度 1 年间的总计）。

实施时间

5小时未满	5小时以上10小时未满	10小时以上20小时未满	20小时以上30小时未满	30小时以上50小时未满	50小时以上100小时未满	100小时以上150小时未满	150小时以上200小时未满	200小时以上
1	2	3	4	5	6	7	8	

自己负担费用

0日元	1日元以上1千未满	1千以上1万未满	1万以上2万未满	2万以上5万未满	5万以上10万未满	10万以上20万未满	20万以上50万未满	50万未满
1	2	3	4	5	6	7	8	9

第4问中选择"1进行了自我开发"的人员请回答：

（4）您进行自我开发时，是否收到了费用的补助。有补助的情况，主要从哪里收到了补助。请圈选一个最佳选项。

受到补助				未受到补助 5
工作的公司	国家的教育训练补助制度	劳动组合	其他	
1	2	3	4	

第4问（4）选择"1工作的公司"至"4其他"的人员请回答：

（5）请选择受到补助的金额。

1万日元未满	1万以上2万未满	2万以上5万未满	5万以上10万未满	10万以上20万未满	20万以上50万未满	50万以上
1	2	3	4	5	6	7

第4问中选择"1进行了自我开发"的人员请回答：

（6）您进行自我开发的原因是什么。请圈选所有适当选项。此外，选择一个最重要的原因。

	原因	最重要原因
为了学习将来工作中必要的知识和能力	1	1
为将来的工作和职业规划做准备	2	2
为了升职和晋升	3	3
为准备职务的转变和调动	4	4
为了取得资格	5	5
为了转职或独立创业	6	6
为海外工作准备	7	7
为退职后准备	8	8
其他	9	9

第4问中选择"1进行了自我开发"的人员请回答：

（7）在自我开发中获得的知识和技能是否在工作中起到作用。请圈选一个最佳选项。

有作用	1
比较有用	2
比较没用	3
没用	4

第4问中选择"1进行了自我开发"的人员请回答：

（8）您在公司外进行自我开发时，公司是否进行了协助。请按以下区分分别圈选最佳选项。

	有协助	相对有协助	几乎不协助	不协助	没有适当的人
公司的制度	1	2	3	4	
上司	1	2	3	4	5
职场的前辈和同事	1	2	3	4	5

请所有人员回答：

第5问　您在自我开发时感受到什么问题。请圈选所有适当选项。

工作太忙没有自我开发的时间	1
家事和育儿太忙没有自我开发的时间	2
因为公司的原因取得休假、定时下班、早退、短时间工作等选择无法实现	3
找不到合适的教育训练机构	4
费用过高	5
难以得到学习课程的信息	6
听讲和取得资格的效果没有保障	7
自我开发的结果在公司得不到评价	8
不知道什么样的课程适合自己的目标职业规划	9
不知道自己期望的职业规划	10
其他	11
没有问题	12

（四）关于今后的职业生涯设计

请所有人员回答：

第6问　您关于自己的职业生涯设计*25有什么想法。请圈选一个最佳选项。

想要自己考虑自己的职业生涯设计	1
比较想自己考虑自己的职业生涯设计	2
比较想让公司提示自己的职业生涯设计	3
想要公司提示自己的职业生涯设计	4
其他	5
不知道	6

*25. 职业生涯设计

这里指根据劳动者本人的适应性、职业经验等，进行职业选择、职业能力的开发和提高的行动规划和总结。

请所有人员回答：

第 7 问

（1）您在××××年度是否进行过职业规划相关咨询（职业咨询*26），请圈选一个最佳选项（请忽略公司的制度进行回答。此外，除上司和人事负责人外，和公司外部的人员进行咨询的情况也请选择"有"）。

平成 27 年度是否进行咨询	
有	没有
1	2

请回答第 7 问（4）。

*26. 职业咨询

《职业能力开发促进法》（昭和 44 年法律第 64 号）第 2 条第 5 项规定的职业咨询（根据劳动者职业的选择，职业生涯设计或职业能力开发提高相关谈话，提出意见进行指导）。

在第 7 问中选择"1 有"的人请回答：

（2）关于您的职业规划进行咨询的组织、机构为哪个。请圈选一个最佳选项。

职场的上司、管理者	1
公司内人事部	2
公司内人事部以外的组织	3
企业外的机关（再就业支援公司、职业咨询服务机关）	4
其他	5

在第 7 问中选择"1 有"的人请回答：

（3）关于职业规划的内容起到了什么作用。请圈选所有适当选项。

明确了自己期望的职业规划	1
成为自我开发的契机	2

续表

明确了适当的职业能力开发方法	3
提高了工作的自主意识	4
产生了在现在的公司工作下去的意愿	5
与上司、部下的交流变得圆滑	6
关系到再就业	7
其他	8
没有作用	9

请所有人员回答：

（4）如果可以和职业规划的专家（职业咨询师*27）进行咨询，是否会利用。请忽略现在的状况，圈选一个最佳选项。

不需要负担费用，如果可以在公司内利用，会利用	1
不需要负担费用，如果可以在公司外利用，会利用	2
在公司外，承担费用也会利用	3
不会利用	4
不知道	5

*27. 职业咨询师

《职业能力开发促进法》第30条之3规定的职业咨询师（利用职业咨询师的名号，进行职业咨询的人）。

请所有人员回答：

第8问　您在××××是否利用过教育训练休假*28. 此外，今后是否想利用。请各自圈选一个最佳选项。

工作的事业所有教育训练休假制度，并且利用过	1
工作的事业所有教育训练休假制度，但是没有利用过	2
工作的事业所有教育训练休假制度，但是无法利用	3
工作的事业所没有教育训练休假制度	4

关于今后：

想要利用	不想利用	随便
1	2	3

问题到此结束，谢谢您的配合。

参考文献

总宫靖、祝士明、柴文革：《日本职业教育立法的演进》，《中国职业技术教育》2009年第339期。

蓝欣、新井吾郎、张楠：《从对日本职业资格证书的分析看职业证书的功能》，《中国职业技术教育》2005年第195期。

蓝欣、姜静霞：《日本职业训练指导员及其培养课程的系统分析》，《职业技术教育》2010年第34期。

李彬彬：《基于"职业能力开发基本计划"的日本公共职业训练研究》，辽宁师范大学硕士论文，2014年5月。

李德方、远藤晃贤：《关于日本职业能力开发大学的考察》，《职业技术教育》2002年第16期。

李文英、史景轩：《"二战"后日本职业教育的发展趋势》，《教育与职业》2010年第12期。

刘艳珍：《试论日本职业培训立法》，《成人教育》2009年第268期。

两角道代：《职业能力开发和劳动法》，《讲座21世纪的劳动法》，有斐阁2000年版，第154—175页。

马彦、周明星：《谈日本"职业技能士"的特色、模式与借鉴》，《教育与职业》2007年第18期。

逆濑川洁：《职业训练的变迁和课题》，《帝京经济学研究》第37卷第1·2号，第51—96页，2003年。https://appsv.main.teikyo-u.ac.jp/tosho/

ksakasegawa52.pdf。

《日本职业能力开发促进法》（1969年7月18日第64号法案），《日本第十次职业能力开发基本计划——面向提高生产率的人才培养战略》，日本厚生劳动省网站，http://www.mhlw.go.jp。

寺田盛纪：《日本职业教育和训练的研究状况及其课题》，《华东师范大学学报（教育科学版）》2001年第19卷第1期。

田思路、贾秀芬：《日本职业能力开发的理念与实践》，《中国人力资源开发》2015年第22期。

闫广芬、刘玥：《职业能力评价标准：日本的经验及启示》，《中国职业技术教育》2016年第33期。

亚玫、樊晓光：《日本"职业段位"制度的背景与特点》，《职业技术教育》2012年第14期。

尹金金：《德、美、日职业教育校企合作制度比较研究——基于历史视角与特征的分析》，《职业技术教育》2011年第19期。

张元、蓝欣：《日本国家职业资格制度特点及其与学历制度的关系》，《中国职业技术教育》2006年第247期。

王文利、郭琪：《日本职业能力开发综合大学校的历史演变及办学特色》，《中国成人教育》2016年第2期。

王君丽：《日本现代职业教育立法研究》，天津大学硕士论文，2007年1月。

斋藤将：《职业教育训练法制的研究》，日本法律文化社1986年版，第78—89页。

邹吉权、刘晓梅：《日本的职业技能竞赛概述》，《职业技术教育》2014年第20期。